EXTREM TÜFTELN

INHALTSVERZEICHNIS

$v = \dfrac{s}{t}$

H_2O

DAMPF, ZISCH, BLUBBER

DAS KNALLT!

NERDPOWER IST EXTRACOOL!

$$D = \sqrt{c \cdot \frac{b \cdot g}{b + g}}$$

Wie bastelt man die ekligste Stinkbombe aller Zeiten? Woraus bestehen die Polkappen des Mars? Und wusstest du beispielsweise, dass Schwämme Tiere sind – und bis zu 10.000 Jahre alt werden?

Um dich herum gibt es unzählige ungeahnte Abenteuer. Geh mit uns auf Entdeckungsreise – hier gibt es Bio, Physik und Chemie zum Anfassen – mit Knalleffekt! Wir zeigen dir zum Beispiel, wie man einen Wackelpudding macht, der im Dunkeln leuchtet. So macht Basteln WOW!

„Extremtüfteln" gibt nicht nur Antworten, „Extremtüfteln" ist gute Laune pur, und man lernt noch was dabei: Mit Sachverstand und Humor werden in großen und kleinen Experimenten Alltagsphänomene vorgestellt. Das macht AHA! Du wirst die Welt mit anderen Augen sehen. Das ist Basteln, das Wissen schafft!

Ab in's Labor: Lass es knallen, stinken, blubbern und krachen!

5

KNOW HOW

Damit beim Forschen keine Kleidung verschmutzt, kein Kind verletzt und keine Rauchmelder unnötig ausgelöst werden, gibt es einige Basishinweise zu beachten:

Der Notruf bei Verletzungen und für die Feuerwehr ist europaweit 112.

GEFAHR!

Beachte das Explosionszeichen: Ist es abgebildet, benötigst du während des Bastelns oder Experimentierens die Hilfe eines **Erwachsenen.**

SCHUTZBRILLE!

Bei Experimenten, die spritzen oder schäumen solltest du eine Schutzbrille tragen. Das gilt auch, wenn du mit Drähten hantierst!

FEUER!

Raus mit dir – nur dort darf gezündelt werden!!! Feuer ist ein Fall für deinen **erwachsenen Assistenten.** Besonders wichtig ist immer eine feuerfeste Unterlage, auf der du das Modell vor dem Anbrennen platzierst. Dazu kannst du beispielsweise einen Tontopf oder eine Blechdose nehmen, die du mit Sand oder Erde füllst. Frage deinen **Assistenten,** ob er dir mit einem Stabfeuerzeug zur Hand gehen kann. Entfernt euch dann beide vom Modell und schaut dem Spektakel von Weitem zu.

RAUS!

Für die meisten Experimente solltest du das Haus zumindest kurzzeitig verlassen. Wird draußen gebastelt, steht das in der Anleitung. Gespritzt oder gezündelt werden darf nur im Freien. Aber manchmal musst du auch nur vorab einen Streifzug durch die Wiese oder über den Strand machen, um alle Utensilien zu sammeln. In jedem Fall geht hier nichts nur indoor.

ZANGE!

Die Zange gehört zur Grundausstattung für jeden Forscher – wenn etwas besonders heiß, eklig oder kalt ist, dann lieber mit dem Greifwerkzeug anfassen und so die Finger schützen! Wer keine Zange hat, benutzt wenigstens feste, dicke Arbeitshandschuhe. Beispielsweise das Trockeneis für das Experiment „Nebelball" unbedingt mit der Zange anfassen und niemals mit den Händen!

GIFT!

Das Glycerin vom Modell „haltbare Seifenblase" sollte wie alle anderen Experimentierzutaten nicht in den Mund genommen werden. Du bist schließlich Forscher! Also daran denken: Nichts in Auge, Nase oder Mund bekommen, notfalls alles sofort mit klarem Wasser auswaschen.

LABORKITTEL

Ein Laborkittel muss ja nicht gerade sein, aber deine Kleidung kann bei diesen wilden Experimenten durchaus schmutzig werden. Trage also alte Klamotten, denen der ein oder andere Fleck nichts ausmacht.

LACK & FARBE

Arbeite beim Lackieren und Anmalen im Freien. Lege alte Zeitungen oder (bei Wind) einen großen Karton aus und arbeite darauf. Nachdem alles gut getrocknet ist kannst du die Unterlage entfernen.

CUTTER

So ein Schneidemesser ist extrem gefährlich! Wenn bei Modellen mit dem Cutter gearbeitet wird und du noch keine Erfahrung mit diesem Werkzeug hast, bitte einen **erwachsenen Assistenten** um das Zurechtschneiden der Einzelteile. Du solltest immer eine Schneideunterlage benutzen, um zu vermeiden, dass der Untergrund zerkratzt wird.

AKKUBOHRER

Vorbohren kannst du die meistern Löcher mit einem kindersicheren Drillbohrer. Wenn es schnell gehen soll, fragst du besser einen **Erwachsenen**, der dir dann mit dem Akkuschrauber oder der Bohrmaschine helfen kann.

LÄRM

Bei Modellen, die ein Geräusch erzeugen, solltest du darauf achten, sie nicht direkt am Ohr eines anderen Kindes auszuprobieren – sonst sind Ohrenschmerzen vorprogrammiert!

STREICHE

Ein Streich ist etwas Herrliches. Es sollte aber bei der Schadenfreude bleiben. Mach nichts kaputt – Schreck oder Ekel genügt. Bleibe also bei den Rauchbomben etc. in der Nähe und beobachte das Experiment bis zum Ende, damit nichts anbrennen kann.

MOVE IT!

MY CAR

Luftballonauto

Das brauchst du

- Balsaholz, 15 mm stark, 15 cm × 10 cm und 4 cm × 10 cm
- 3 Holzräder, ø 4 cm, 1 cm dick
- 2 Nägel, 3 cm lang
- Rundholzstab, ø 2 mm, 8 cm lang
- 2 Perlen, ø 1 cm, ø 3 mm (innen)
- Buntlack in Rotviolett und Mittelgelb
- Einmalspritze, ø 1,5 cm, 5 cm lang
- Trickhalm, 4 cm lang
- Luftballon, ø 22 cm

Für die Dekoration

- Wellkarton in Natur, 13 cm × 13 cm
- Quillingpapier in Flieder, Violett und Hellblau, 3 mm × 16 cm
- Spiegelkartonrest
- Glitterpapierrest in Türkis
- Motivkartonrest Rot-Weiß kariert
- Motivkartonrest in Lindgrün mit weißen Punkten
- 7 Halbperlen selbstklebend in Weiß, ø 3 mm
- 5 Halbperlen selbstklebend in Weiß, ø 5 mm
- Dekoband in Lindgrün mit weißen Punkten, 1 cm × 15 cm
- 17 Nägel, 3 cm lang

- 4 Holzsterne in Gold, ø 2 cm
- Holzstern in Rot, ø 2 cm

Hilfsmittel

- UHU Holzleim wasserfest
- UHU Alleskleber SUPER strong & safe
- Heißkleber
- Rundholzstab
- Cutter
- Akkuschrauber und Bohrer, ø 2 mm
- Schleifpapier, 120er Körnung

Vorlage

Seite 125

Schwierigkeitsgrad

☒ ☒ ☒

So geht's:

1 Du benötigst einen **erwachsenen Assistenten:** Übertragt die Vorlagen auf das Balsaholz und schneidet die Grundform mithilfe eines Cutters aus. Schmirgle dann alle Schnittkanten glatt. **a+b**

2 Lass dir von deinem **Assistenten** jeweils zwei Löcher im hinteren und vorderen Bereich des Autos bohren. Durch die hinteren Löcher steckst du den Rundholzstab, auf den du das Rad auffädelst. Damit das Rad nicht hin und her wackelt, steckst du jeweils rechts und links davon eine Perle auf. Vorne werden die zwei Räder jeweils mithilfe eines Nagels befestigt. **c+d+e**

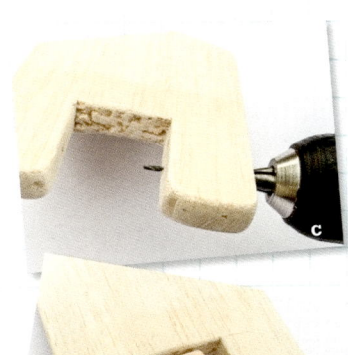

3 Nachdem du getestet hast, ob das Auto fährt, nimmst du es wieder auseinander und dekorierst es. Gehe dazu nach draußen: Die Grundplatte wird rotlila lackiert, der Mast wird gelb. **f**

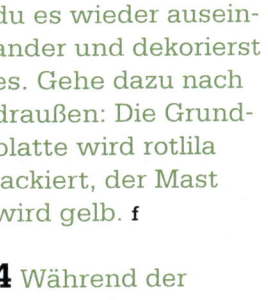

4 Während der Lack trocknet verzierst du die Räder mit Glitzerpapier. Schneide vier Radkappen aus und klebe sie mit Holzleim auf. Die vorderen Reifen kannst du außerdem noch mit Halbperlen verzieren. **g**

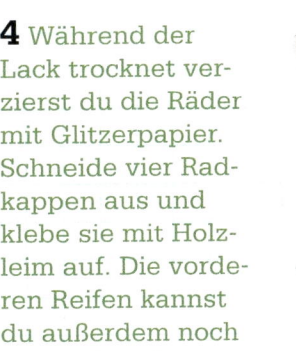

Weiter geht's auf der nächsten Seite ...

5 Zeit für den Antrieb: Schneide beide Enden einer Plastikspritze mit einem Cutter ab. **h**

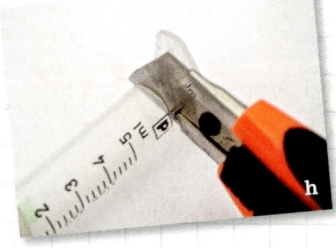

6 Kürze den Trinkhalm auf 6 cm und halte ihn 2 cm tief in die Spritze hinein. Bitte deinen **erwachsenen Assistenten,** mit Heißkleber den Bereich zwischen Trinkrohr und Plastikwand zu versiegeln. Benutzt dafür den noch nicht ganz heiß gewordenen Kleber da sonst der Trinkhalm schmilzt. **i**

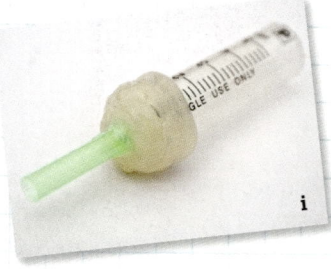

7 Die fertige Antriebskonstruktion mit Dekoband bekleben. Diese Konstruktion klebst du mit starkem Alleskleber auf eine Balsaholzlatte (nach Vorlage ausschneiden), die du wiederum mit Holzleim an die Grundplatte des Autos klebst. Verziere die Halterung mit einem Stern. Gut trocknen lassen! **j**

8 Karosseriebau: Drücke 17 Nägel in das Balsaholz im vorderen Bereich des Autos. Befestige mithilfe von Heißkleber einen roten und vier goldene Sterne an den Nägeln. Nun schneidest du aus Wellpappe die Karosserieform zweimal aus und klebst die Papiere auf die Wellpappe. Dein **Assistent** klebt die Karosserie mit Heißkleber an die Grundform des Autos. Verziere die Karosserie mit eingedrehten Quillingstreifen und Halbperlen. **k**

9 Den Luftballon durch das Röhrchen aufblasen, das Röhrchen zuhalten und deinen Luftballonflitzer auf den Boden stellen. Loslassen – und staunen wie er davon flitzt! **l**

Einmal volltanken bitte!

Luft

Abstoßend

Ein Tier, das sich mithilfe des Rückstoßes bewegt, ist der Tintenfisch. Und der ist blitzschnell!

3, 2, 1 forschen!

Na? Errätst du, in welche Richtung das Auto lossausen wird? Richtig! Das Auto wird sich in Ballonrichtung bewegen, da die Luft nach hinten ausgestoßen wird. Dieses Prinzip nennt man in der Physik das **Rückstoßprinzip:** Der bewegte Körper ist dann einer Kraft ausgesetzt, die ihn in die entgegengesetzte Richtung drängt. Bei deinem Luftballonauto übt der gespannte Luftballon eine Kraft auf die sich in ihm befindliche Luft aus und drückt die Luft somit nach außen. Diese Luft strömt nach hinten weg, was wiederum das Luftballonauto nach vorn bewegt.

STAIRWAY TO HEAVEN

Jakobsleiter

So geht's:

1 Arbeite draußen: Male alle Holzplättchen in deinen Lieblingsfarben an. Lass sie trocknen.

2 Greife zum ersten Holzklotz und lege die Enden der Satinbänder so darauf, dass das erste und das dritte in eine Richtung zeigen und das in der Mitte in die Gegenrichtung. Klebe ein zweites Klötzchen genau deckungsgleich zum ersten Klotz darauf. **a**

3 Die Bänder legst du verschränkt über das neue Klötzchen. Lege sie dazu in die entgegengesetzte Richtung. Nun nimmst du ein drittes Plättchen und legst ihn auf den schon geklebten Stapel. Verschränke die Bänder über diesem dritten Klötzchen wieder in entgegengesetzter Richtung und klebe einen vierten Holzklotz darauf. **b+c+d**

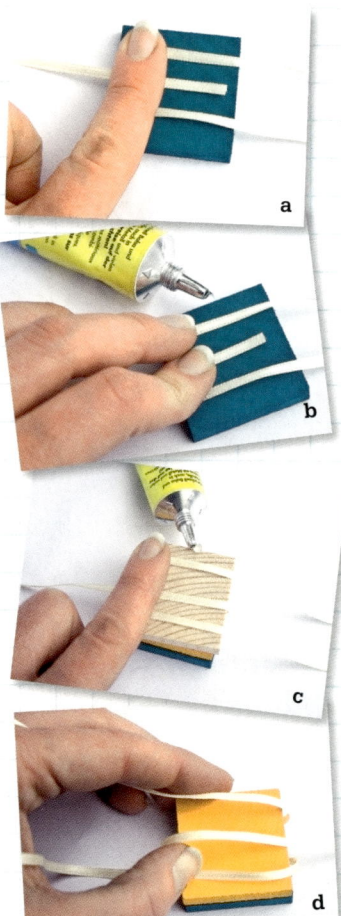

4 Das machst du bis die Holzklötzchen und das Band verbraucht sind: Stets die Bänder verschränkt legen und dabei eine Schicht zwischen zwei Klötzen verkleben und die nächste Schicht nicht. **e+f+g**

3,2,1 forschen!

Kippst du den obersten Klötzchenblock jeweils nach rechts an den nächsten Block heran und dann wieder nach links an den nächsten Block, so kippen die unteren Klötzchenblöcke jeweils scheinbar nach unten weiter durch. Es entsteht eine kaskadenartige Bewegung, die sich von oben nach unten durch alle Blöcke zieht. In Wirklichkeit aber entsteht keine sich fortführende Bewegung. Die Blöcke drehen sich lediglich und geben den Bewegungsimpuls aus deiner Hand (erst nach rechts, dann nach links) weiter. Cool oder? Die scheinbare Weitergabe des Impulses funktioniert von oben nach unten in der gleichen Intensität – egal wie lang deine Jakobsleiter ist.

Biblisch

Warum das Dings „Jakobsleiter" heißt: Laut einer biblischen Erzählung hatte Jakob eine Vision einer Himmelsleiter für den Auf- und Abstieg der Engel. Im Traum sah er eine Leiter, deren Spitze in den schier unendlich weiten Himmel reichte. Wie du dir vorstellen kannst, könnte auch deine Jakobsleiter unendlich lang sein.

15

DERWISCHTANZ

Anwurfkreisel

So geht's:

1 Bitte einen **erwachsenen Assistenten** um Hilfe: Er soll dir in den Kunststoffschraubverschluss mittig ein Loch von 6 mm bohren. Klebe nun den Kunststoffschraubdeckel mit der Unterseite an den CD Rohling. **a**

2 Zur Verzierung des Kreisels den Motivkarton nach Vorlage ausschneiden und ihn auf den CD Rohling kleben.

3 Den Rundholzstab mithilfe einer Feinsäge auf 13 cm Länge zusägen und mit einem Bleistiftspitzer eine Seite anspitzen. Durchstechen: Der Rundholzstab sollte unten 2 cm herausschauen. Befestige ihn mit der violetten Knete. Dein **erwachsener Assistent** kann zur Verstärkung etwas Heißkleber auftragen. **b**

4 Sägt gemeinsam zwei Kiefernholzbrettchen zu. An der in der Vorlage angezeichneten Stelle ein Loch mithilfe eines Akkuschraubers und eines 6 mm Bohrers bohren.

Das brauchst du
- CD-Rohling
- Kunststoffschraubverschluss
- Rundholzstab, ø 5 mm, 13 cm lang
- Papprohr, ø 1,5 cm, 15 cm lang
- 2 Kiefernholzbrettchen, 1 cm × 2 cm × 15 cm
- Schnur, 30 cm lang
- Kneterest in Violett
- Kordel in Weiß-Blau gestreift, 35 cm lang

Für die Dekoration
- Buntlack in Türkisblau und Mittelgelb
- Motivkarton „Mosaik", ø 12 cm
- Naturkordel, ø 1 cm, 25 cm lang
- 18 Strasssteine in Jade, ø 5 mm
- 6 Clips in Blau, ø 10 mm

Hilfsmittel
- UHU Alleskleber SUPER strong & safe
- Feinsäge
- Anspitzer
- Akkuschrauber und Bohrer, ø 6 mm
- 180er Schleifpapier

Vorlage
Seite 124

Schwierigkeitsgrad
☒☒☒

5 Wenn du magst, kannst du den Griff vor dem Zusammenkleben mit Buntlack ansprühen. Nun eine Papprohre auf 15 cm Länge zuschneiden. Die beiden Kiefernholzbrettchen mit Alleskleber an der Rolle befestigen. Dein Griff ist nun fertig. **c**

6 Deko? Am Griff mithilfe von Alleskleber die Naturkordel anbringen und die Papprohre mit Strasssteinen und Brads verzieren!

7 Schneide die blau-weiße Kordel auf 35 cm Länge zu und wickle sie um den Rundholzstab, der in den Löchern der Kiefernholzbrettchen steckt. Kräftig an der Kordel ziehen und den Kreisel tanzen lassen. **d**

3, 2, 1 forschen!

Stößt man den Kreisel an, ist die Drehkraft größer als die Schwerkraft und der Kreisel dreht
sich superschnell. Die Drehkraft aber ist eine
Kraft der man manuell immer frische Energie
zufügen muss (durch erneutes Anstoßen des
Kreisels), sonst lässt sie nach. Durch das Nach-
lassen der Drehkraft wird die Erdanziehung
mächtiger. Letztlich ist sie so stark, dass die
Drehkraft nicht mehr ausreicht und der Kreisel
zu Boden fällt.

International

In vielen Ländern dieser Erde spielen die Kinder leidenschaftlich gerne
mit ihren Kreiseln: In Peru üben sie
oft so lange, bis sie einen Anwurfkreisel mit der Hand auffangen
können, sodass er auf der Hand-
fläche weitertanzt. Oder zwei Kinder
battlen gegeneinander:
Wessen Kreisel dreht sich länger?

GEFANGEN!

Fingerfalle

So geht's:

1 Du nimmst dir vier rote und vier silberne Bänder und legst die Enden im Winkel von 85° übereinander. Fixiere sie mit einem Klebestreifen. Um ein schickes Karomuster zu bekommen, muss jeweils die gleiche Bandfarbe bei den Verbindungsstellen oben liegen (Silber liegt immer oben und Rot immer unten). **a+b**

2 Nun nimmst du dir einen dicken Stift und klebst die vier verbundenen Bänderpaare gleichmäßig rundherum mit einem kleinen Klebestreifen fest. **c+d**

3 Jetzt verwebst du die Bänder miteinander. Nimm immer das Band vom Bänderpaar, das gerade unten liegt. Nehmen wir an, es ist das Rote und es ist das Band was nach rechts zeigt, dann führst du es über das silberne Band des nächsten Bänderpaars. Das Gleiche machst du nun rundherum mit allen roten unten liegenden Bändern.

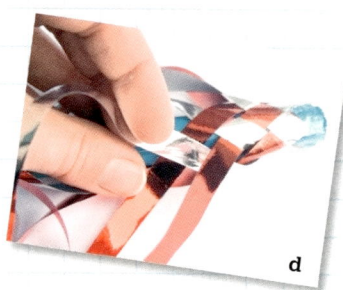

4 Dieses Prinzip führst du in der nächsten Runde so weiter, nur das die Bänder diesmal über dem silbernen Band entlang geführt werden.

5 Wenn dir deine Fingerfalle lang genug ist schneidest du die Enden der Bänder ab, damit die Bänderpaare wieder in Spitzen liegen, wie am Beginn deines Flechtwerks. Diese Bänderpaare fixierst du mit ein bisschen Klebefilm. **e**

6 Vorsichtig kannst du nun die Klebestreifen lösen, die deine Fingerfalle am Stift fixieren. Jetzt kannst du die Fingerfalle vom Stift abstreifen, sie ist einsatzbereit. Wer fasst zuerst in deine Falle?

3,2,1 forschen!

Fordere einen Freund auf, jeweils die Zeigefinger in die Fingerfalle zu schieben. Ha, und nun soll derjenige mal versuchen, die Finger wieder herauszuziehen! Warum das nicht klappt? Nun, das Material ist flexibel. Durch den Zug, der durch das Herausziehenwollen entsteht, ziehen sich die Geschenkbandstreifen auseinander. Durch die Art der Verflechtung wird es in der Fingerfalle enger. Natürlich kommt man trotzdem wieder heraus: Nimm die restlichen Finger der Hand und halte die Ende um den eingesperrten Zeigefinger fest. Nun drückst du die Zeigefinger aufeinander zu. Das Flechtwerk wird ein bisschen gestaucht und damit weit genug, damit man den Finger wieder herausziehen kann.

Medizinisch

Die Fingerfallen werden auch als „Extensionshüllen" bezeichnet und sind nicht nur ein lustiger Scherzartikel, sondern werden außerdem in der Medizin verwendet, um Frakturen, also Brüche, zu fixieren und ruhigzustellen.

MANEGE FREI!

Seiltänzer

So geht's:

1 Übertrage die Vorlage auf den Tonkarton und schneide alles sorgfältig aus.

2 Male alles hübsch an. Du kannst den Artisten noch mit Aufklebern dekorieren, damit er wirklich wie ein prachtvoller Zirkuselefant aussieht. **a**

3 Teile ganz vorsichtig mithilfe eines Cutters einen Korken der Länge nach. Nun nimmst du den halben Korken und schneidest an der Unterseite eine etwa 0,5 cm tiefe Kerbe ein. **b+c**

4 An der Schnittfläche drückst du mit einem Messer eine Querrille ein. Lege die Mobilestange in diese Rille. Den Korken klebst du mit der Stange auf die Rückseite deines Elefanten. Die Kerbe des Korkens sollte dabei nach unten zeigen und der Korken sollte den Elefanten soweit überlappen, wie die Kerbe tief ist. **d**

Das brauchst du

- Tonkarton in Rosa, 300 g/m², A4
- Mobilestange, 30 cm lang
- Korken
- Knete
- 2 Schraubverschlüsse, ø 4,5 cm

Für die Dekoration

- 4 Glitzersteine in Hellgrün, ø 5 mm
- 6 Softaufkleber „Stern" in Hellblau und Blau, ca. ø 5 mm

- Filzstifte in Fuchsia, Rosa, Türkis, Blau, Gelb und Dunkellila
- Buntstifte in Rosé, Weiß und Orange

Hilfsmittel

- UHU Alleskleber
- Kohlepapier
- Cutter und Schneideunterlage

Vorlagen

Seite 125

Schwierigkeitsgrad

☒ ☐ ☐

5 Nun nimmst du dir die zwei gepunkteten Kartonkreise und klebst auf der Rückseite Flaschenverschlüsse dagegen. Manege frei! **e+f+g**

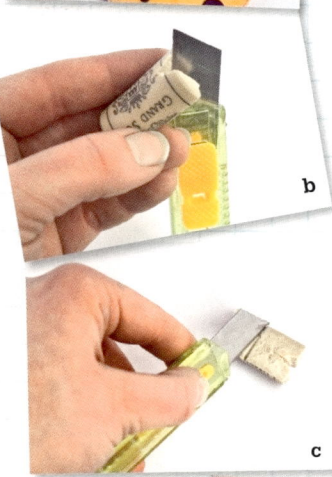

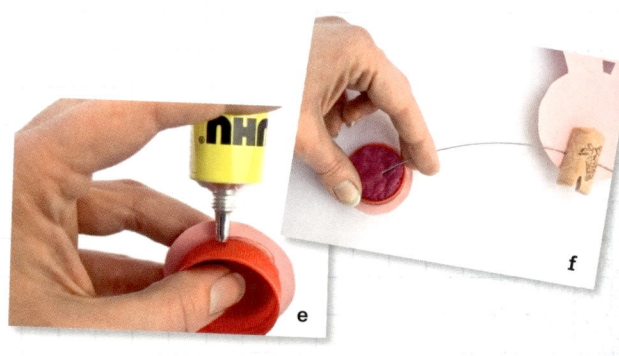

3,2,1 forschen!

Stelle den Elefanten mit der Kerbe auf eine Schnur oder einen dünnen Draht. So ohne weiteres bleibt er nicht stehen, stimmt's? Du kannst nun ein bisschen Knete nehmen, in die Flaschenverschlüsse drücken und auf die Drahtenden spicken. Dein Elefant bleibt erst dann stehen, wenn er in Balance, im Gleichgewicht ist. Die Knetgewichte helfen ihm dabei. Die entgegenwirkenden Kräfte müssen ausgewogen sein. Deshalb laufen Seiltänzer oft mit einer langen, schweren Querstange übers Hochseil.

Check it out: Versuche doch mal, deinen Elefanten mit anderen Dingen auszubalancieren. Stecke Kugeln aus Alufolie oder Kartoffeln an die Drahtenden!

KILLERECHSEN-ALARM!

Schnappdrache

So geht's:

1 Schneide dir nach Vorlage mit einem Cutter und einem Stahllineal vier Pappkartonstreifen aus starkem Karton aus. Jeweils zwei Pappkartonstreifen kaschierst du mit irisierendem Papier in Blau und zwei in Gelb. **a**

2 Stich danach mit einer Schere jeweils mittig und 2 cm vom unteren Rand entfernt ein Loch in die Pappkartonstreifen und verbinde die Elemente mit Musterklammern.

3 Für das Drachenhaupt zwei Halbkreise mit Zähnen ausschneiden und wiederum mithilfe von Alleskleber mit irisierendem Papier verkleiden.

4 Rolle aus Feenhaar 12 Kugeln, die du mit Alleskleber auf den Kopf aufklebst. **b**

Das brauchst du
- starker Karton, 2 mm dick, 20 cm × 30 cm und Kreis ø 20 cm
- 4 Musterklammern

Für die Dekoration
- Korkhalbkugel, ø 3 cm
- Scrapbookingpapierrest in Glittertürkis
- Papier in Gelb irisierend und Blau irisierend, 10 cm × 30 cm und Kreis ø 20 cm
- Motivkartonrest in Rot-Weiß gepunktet
- 4 Halbperlen, ø 3 mm
- 20 g Feenhaar in Kupfer

- falsche Wimpern
- Strassstern, ø 3 mm
- 45 Bastfäden in Lindgrün und Türkis, 15 cm lang

Hilfsmittel
- UHU Gewebeband
- UHU Alleskleber SUPER strong & safe
- Cutter & Stahllineal
- Bleistift
- Zackenschere

Vorlage
Seite 128

Schwierigkeitsgrad
☒☒☐

5 Schneide mit einer Zackenschere einen Kreis aus Scrapbookingpapierresten aus. Klebe die falschen Wimpern an die Korkhalbkugel. Die Kugel klebst du an das Scrapbookingpapier und dieses wiederum auf den Kopf. Als Spiegelung in den Augen kannst du eine Halbperle und einen Strassstein in Sternform anbringen. **c**

6 Das Kinn verzierst du mit dem Bast. Dieses Bärtchen befestigst du auf der Rückseite mit Gewebeband. Klebe den gelben Oberkiefer an den gelben und den blauen Unterkiefer an den blauen Pappkartonstreifen.

7 Zuletzt schneidest du Dreiecke aus Motivkarton und Scrapbookingpapierresten aus und klebst sie auf Kopf und Nacken deines Drachens. Schneide außerdem mithilfe einer Zackenschere die Krone nach Vorlage aus Scrapbookingpapier aus und klebe sie hinter die Kupferhaare. Das Krönchen wird mit drei Halbperlen verziert. Dein Drache ist fertig!

3,2,1 forschen!

Die Konstruktion des Schnappdrachens basiert auf der sogenannten **„Nürnberger Schere"**. Das ist eine Gelenkkette, die aus mehreren gekreuzten Stäben (Scherenhebeln) besteht. Das Prinzip der Nürnberger Schere wird heute noch bei Hubarbeitsbühnen verwendet. Pass genau auf, ob du eine siehst wenn du an der nächsten Baustelle vorbeigehst. Hebel sind kraftumformende Einrichtungen. Ihr Sinn besteht darin, aus kleineren Kräften große zu generieren.

3,2,1 forschen!

VERSPULT

Garnspulenflitzer

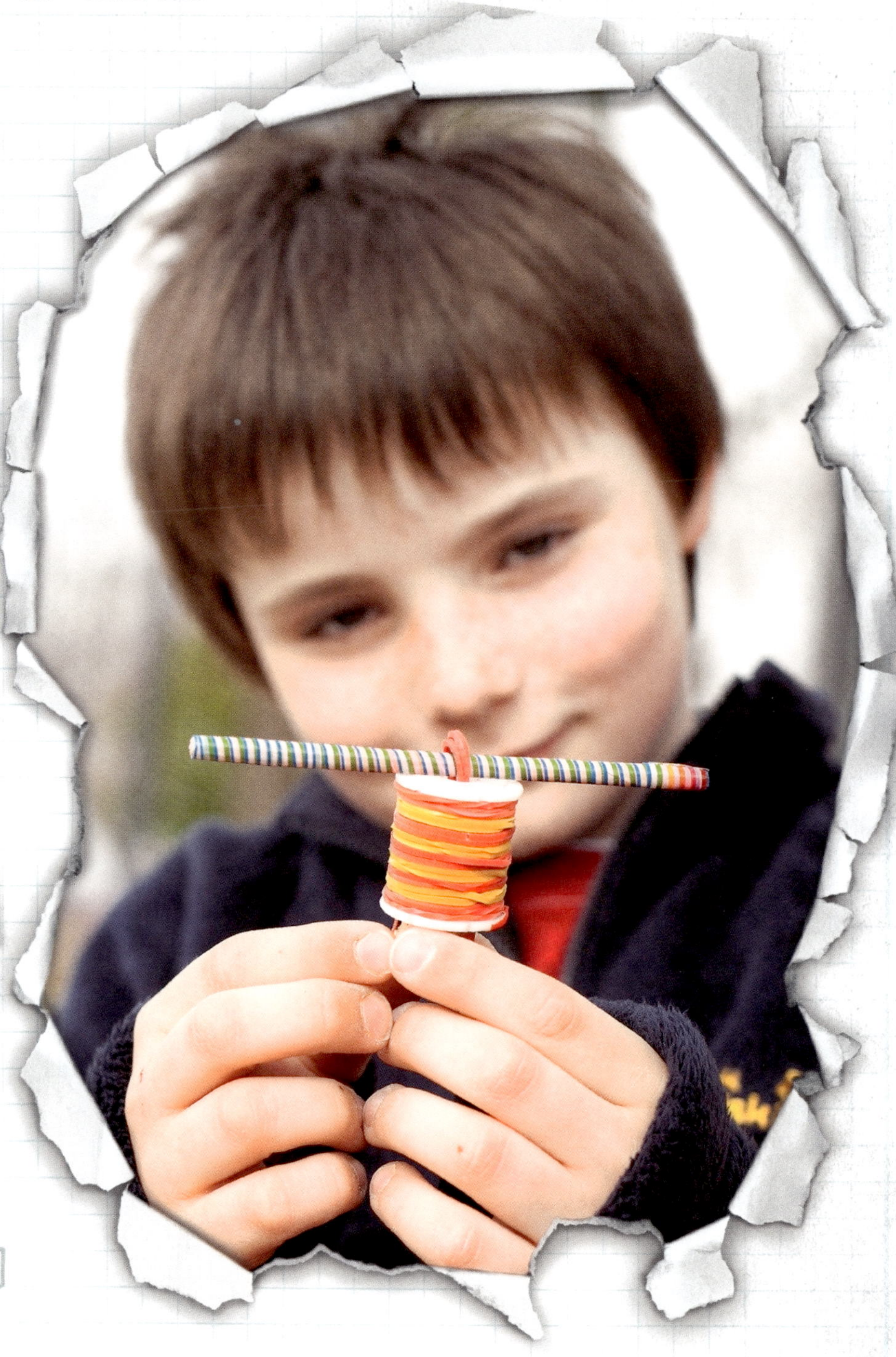

Wie wäre es mit
einem Racer-
Rennen?

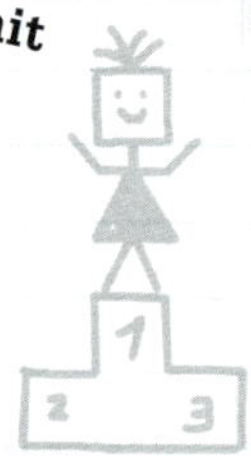

So geht's:

1 Du benötigst einen **erwachsenen Assistenten:** Er darf mithilfe eines Cutters kleine Kerben in die Seitenwände der Spule ritzen (sodass dein „Cotton Reel Racer" bei unebenem Gelände besser vorwärts kommt und sogar Treppen hochsteigen kann). **a**

2 Du kannst die Spule mit mehreren Haushaltsgummis umwickeln, um sie zu verzieren. **b**

3 Umwickle den Rundholzstab mit Dekotape.

4 Nimm nun einen Korken und teile ihn in der Hälfte (ungefähr 1 cm hoch). In diesen Korken kann dir dein **Assistent** mithilfe eines Cutters zwei Kerben schnitzen. Fädle zwei Haushaltsgummis durch das Loch in der Mitte deiner Nähgarnspule. An einer Seite steckst du den Korken zwischen Gummis und Spule und an der anderen Seite den Rundholzstab. **c**

5 Klebe abschließend noch etwas Gewebeband über die Seite, an der die gespannten Gummis über dem Korken liegen. Das machst du, damit sich beim Drehen des Rundholzstabes die Seite mit dem Korken nicht mitdreht und die Gummis auch ordentlich gespannt werden können.

6 Es kann nun losgehen: Nimm dir deinen Spulenflitzer und halte ihn an der Spule fest. Du drehst nun den Rundholzstab solange zu dir bis die Haushaltsgummis fest gespannt sind. Stell den Racer auf den Boden und beobachte was passiert. **d+e**

3, 2, 1 forschen!

Mithilfe deiner Muskelkraft hast du durch Drehen des Rundholzstabes die Gummibänder in der Spule gespannt. Wenn du loslässt, sind die Gummibänder bestrebt, wieder in die Ausgangsposition zurückzukehren. Wenn du den Garnspulenflitzer auf den Boden setzt, drückt es den Rundholzstab in Bodenrichtung. Da nun die Kraft der sich lockernden Gummibänder irgendwo abgeleitet werden muss, dreht sich die Spule – der Flitzer saust nach vorn.

> Jetzt bloß nicht loslassen!

AIR
BORN

IMPERIALER AUFKLÄRER

Hovercraft*

So geht's:

1 Ein Luftkissenflieger macht super viel Fun! Nimm eine alte CD und umfahre sie zweimal auf einem Stück Holografiefolie. Schneide die beiden so entstandenen Kreise aus. Zieh den Klebeschutz ab und beklebe den CD-Rohling. Eventuelle Luftblasen beseitigst du, indem du mit einer Nadel hinein stichst und die Luft herauspresst. **a**

2 Schneide auch das Loch in der Mitte des CD-Rohlings aus.

3 Nimm nun den Flaschenverschluss, stich mit einem Nagel oder der Scherenspitze die Mitte des Verschlusses durch und klebe ihn mittig auf den CD-Rohling. Lass die Konstruktion gut durchtrocknen. **b**

4 Verziere denn Gleiter nun mit Schneeflockenstickern und Klebesternen.

5 Den Rand des CD-Rohlings und den Verschluss mit Glitter-Liner bemalen.

6 Zum Schluss bemalst du den Trinkflaschenverschluss noch mithilfe von weißem Glitter-Liner mit vielen kleinen Punkten. Alles gut durchtrocknen lassen und die Experimentierphase kann beginnen! **c+d**

Das brauchst du
- CD-Rohling
- Flaschenverschluss (Sportscap)
- Riesenluftballon

Für die Dekoration
- 2 Holografiefolienkreise in Blau selbstklebend, ø 12 cm
- Glitter-Liner in Blau und Metallic-Weiß
- 6 Schmucksteine „Stern" selbstklebend, ø 5 mm
- 3 Schmucksteine „Stern" selbstklebend, ø 8 mm
- 2 Sticker „Schneeflocke", ø 2,5 cm
- 3 Sticker „Schneeflocke", ø 3,5 cm

Hilfsmittel
- UHU Alleskleber SUPER strong & safe
- Cutter
- Nagel

Schwierigkeitsgrad
☒ ☐ ☐

a

b

c

d

O_2

3, 2, 1 forschen!

Puste nun Luft in den Ballon und halte ihn nach dem Aufblasen mit zwei Fingern zusammen. Nun versuchst du, den Ballon so schnell wie möglich über den Flaschenverschluss auf dem Hovercraft zu stülpen. Loslassen! Der

CD-Rohling gleitet lautlos vorwärts. Wie das? Ganz einfach: Die Luft wird durch das Loch im Flaschenverschluss aus dem Ballon gepresst und entweicht unter dem CD-Rohling. Die CD hat eine glatte Oberfläche und ist recht leicht.

Die Luft bildet ein Kissen zwischen CD und Boden, so besteht keine Reibung zwischen Boden und CD: Das Luftkissenmobil schwebt wie von Zauberhand über den Boden.

PROPELLERPOPANZ

Plastikflaschenwindspiel

Das brauchst du:
- 2 PET-Flaschen, 5 cm × 23 cm
- 2 Nägel, 3 cm lang
- 2 Vierkantstäbe, 5 mm × 5 mm
- Holografiefolienkarton in Weiß, 40 cm × 20 cm
- Wellpappe in Rot und Blau, 40 cm × 26 cm
- Decorlackspray in Transparent

Für die Dekoration:
- Glasmalfarbe in Rot und Blau
- Dekotape in Rot-Weiß und Weiß-Bunt gepunktet, jeweils 1,5 cm × 2 m
- 20 Knöpfe in Lieblingsfarben, ø 1 cm
- 50 Knöpfe in Lieblingsfarben, ø 2 cm
- 16 Halbperlen selbstklebend in Weiß, ø 3 mm
- 12 Halbperlen selbstklebend in Weiß, ø 5 mm

Hilfsmittel:
- UHU Alleskleber SUPER strong & safe
- Pinsel
- Cutter
- Schere
- Akkuschrauber mit Bohrer, ø 5 mm

Vorlage
Seite 128

Schwierigkeitsgrad

So geht's:

1 Schneide aus den PET-Flaschen mithilfe eines Cutters vorsichtig Flügel aus. Knicke sie, sodass sie aus den Flaschen herausstehen. **a**

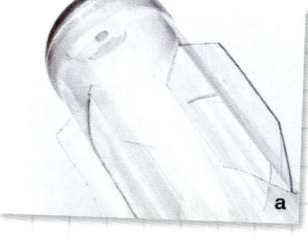

2 Wenn du an beiden Flaschen drei oder vier Flügel herausgebogen hast, malst du die Flaschen mit Glasmalfarbe an, eine rot eine blau. **b**

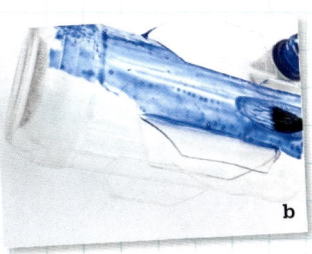

3 Bitte deinen **erwachsenen Assistenten** dir oben in die Flaschen mithilfe eines Akkuschraubers und eines 5 mm Bohrers ein Loch zu bohren. Da hindurch einen Nagel in den Vierkantstab schlagen, den du von unten in die Flasche steckst.

4 Dekoriere die Flaschen anschließend mit Dekotape. **c**

5 Mit Alleskleber klebst du Knöpfe auf die Flaschen.

6 Nimm dir nun den Holografiefolienkarton und die Wellpappen, schneide sie auf 19 cm × 29,7 cm-Bögen zu und knicke sie in der Mitte. Übertrage nun die Flügelform der Vorlage auf die geknickten Bögen, sodass sich der Knick im oberen Flügelbereich befindet. Dann schneidest du sieben Flügel mithilfe einer Schere aus. Klebe die Flügel an die vorbereiteten Flügel der Plastikflasche. **d**

7 Die roten Flügel verzierst du mit Halbperlen.

8 Arbeite im Freien: Wenn du dein Windspiel wasserfest gestalten möchtest, sprühst du alles noch einmal kräftig mit farblosem Decorlackspray ein. Ab in den Blumenkasten damit. Jetzt weißt du, woher der Wind weht!

3, 2, 1 forschen!

Die Flügel deines Windrads werden durch den Wind in Drehung versetzt. Weil der Wind durch die große Oberfläche der Flügel eine besonders gute Angriffsfläche hat, dreht sich die Flasche rasant im Kreis. Den Wind nutzt man heutzutage zur Stromgewinnung. Diese spezielle Form von Energie nennt man **„erneuerbare Energie"**, weil Wind (aber auch Sonnenenlicht und Wellenkraft) unbegrenzt verfügbar ist und im Gegensatz zu Erdöl nie versiegt. Man spricht deshalb auch von umweltfreundlichen Energien.

TURBOTRIEBWERK

Propellerflugzeug zum Aufziehen

So geht's:

1 Beklebe ein fluoreszierendes Papier bündig auf der Rückseite mit Regenbogenfolie. Falte sorgfältig anhand des Faltschemas im Vorlagenteil ein Flugzeug.

3 Bereite den Propeller vor, indem du ihn nach Vorlage aus Karton ausschneidest, mit Motivpapier beklebst und dann dem Faltschema im Vorlagenteil entsprechend faltest.

Das brauchst du
- Nachleuchtpapier, A4
- Regenbogen-Holografie-Klebefolie, A4
- Trinkhalm, 9 cm lang
- Pappkartonreste
- Bastelkartonrest „Zebra"
- Metallröhrchen, ø 4 mm, 1 cm lang
- Gewebeklebeband in Rot, 15 cm lang
- Haushaltsgummi
- 2 Büroklammern

Für die Dekoration:
- 5 Stern-Sticker in Nach-leuchtend, ø 2,5 cm,
- 16 Stern-Sticker in Nach-leuchtend, ø 1 cm,
- 8 Kreis-Sticker in Nach-leuchtend, ø 0,7 cm

Hilfsmittel:
- Pin
- Schaschlikspieß
- Cutter & Stahllineal

Vorlage
Seite 127

Schwierigkeitsgrad
☒ ☒ ☒

4 Am Flugzeugbauch befestigst du mit Gewebeband den 9 cm langen Trinkhalm. Biege nun eine der beiden Büroklammern auseinander und bringe sie wie in der Abbildung zu sehen am Propeller an. **a+b**

a

b

5 Schneide ein Quadrat mit Kantenlänge 1 cm aus Pappkartonresten aus und stich in die Mitte mithilfe eines Pins ein Loch. Stülpe die Pappe über die durch den Propeller gesteckte Büroklammer. Es folgt das 1 cm lange Metallröhrchen, das du ebenfalls über die Büroklammer stülpst. Darauf folgt ein Pappquadrat. **c**

c

6 Biege nun ein Ende der Büroklammer zu einem Haken und schlinge darum einen Haushaltsgummi. Die andere Büroklammer aufbiegen und oben ebenfalls einen Haken biegen, in den du das andere Ende der Haushaltsgummischleifen einfädelst. **d**

d

7 Die ganze Konstruktion nun mithilfe eines Schaschlikspießes durch den am Flugzeug befindliche Trinkhalm stecken und am unteren Ende herausziehen. Befestige das Ende mithilfe von Gewebeband am Flugzeug, damit es sich beim Drehen des Propellers nicht wieder in den Trinkhalm zieht. **e**

e

8 Drehe mit dem Finger am Propeller bis der Gummi gut gespannt ist und werfe das Flugzeug. Hui – ab geht der wilde Flug!

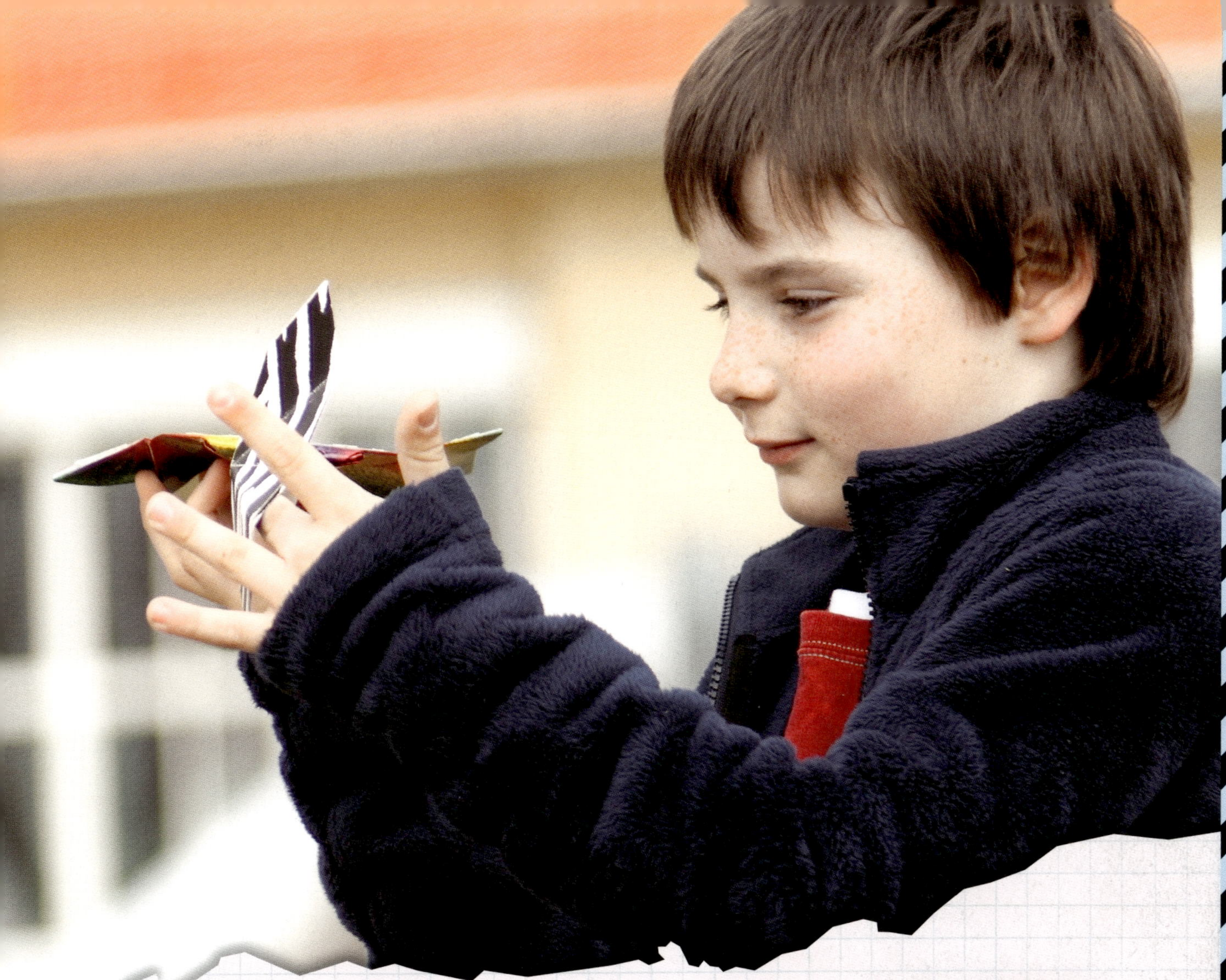

3, 2, 1 forschen!

Ein Propeller ist ein Antrieb durch Flügel, die um einen festen Punkt, die Welle, herum angeordnet sind. Die Flügel haben eine spezielle Form, damit sie bei der Rotation des Propellers vom Wind schräg oder asymmetrisch umströmt werden. Sie werden dabei vom Wind angeschoben. Durch das Drehen des Propellers dreht sich das Haushaltsgummi sehr fest ein. Wenn du den Propeller loslässt, ist das Gummiband bestrebt, in seine Ausgangsposition zurück zu kehren (vgl. Seite 24/25) und entdreht sich wieder. Die so freigesetzte Energie geht auf den Propeller über und bringt ihn zum Drehen. Durch den Zusatzantrieb fliegt dein Flieger irre weit!

Leuchtet im Dunkeln und fliegt irre weit! ### Leuchtet im Dunkeln und fliegt irre weit! ### L

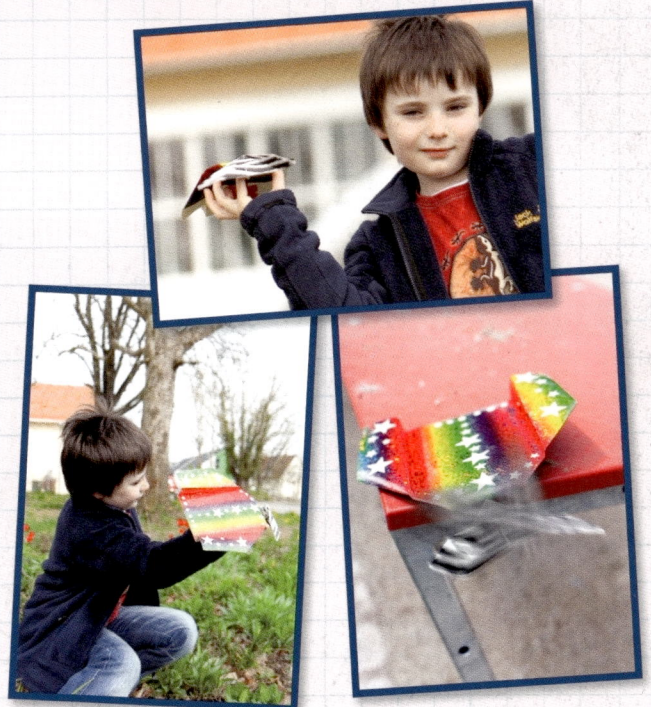

SPACESHUTTLE

Rakete mit Wassertank

Das brauchst du
- PET-Flasche, 0,75 l
- Korken, ø 2,5 cm
- Autoventil
- Pappkarton, 50 cm × 70 cm
- Heißkleber
- Wasser
- Fußluftpumpe

Für die Dekoration
- Glasmalfarbe in Rot
- Holografiefolie in Blau und Regenbogen, 50 cm × 100 cm
- Dekotape Weiß mit bunten Punkten, 1,5 cm × 1,5 m

- 10 Halbperlen in Creme-weiß, ø 5 mm
- 30 Halbperlen in Creme-weiß, ø 3 mm
- Alufolienrest
- 2 Reißzwecken in Schwarz, ø 1 cm
- Styropor®kugel, ø 9 cm
- Styropor®kugel, ø 6 cm
- 2 Styropor®kugeln, ø 2 cm
- Knautschpapierrest in Hellblau
- Tonpapierrest in Hell- und Dunkeltürkis, 1 m × 1,5 cm
- Schaschlikspieß, 8 cm lang
- Nagel, 5 cm lang

Hilfsmittel
- Heißklebepistole
- Cutter und Stahllineal
- Bleistift
- Pinsel

Vorlage
Seite 129

Schwierigkeitsgrad

So geht's:

1 Male eine PET-Flasche mit roter Glasmalfarbe an. Beklebe die Flasche mit gepunktetem Dekotape und Holografiefoliestreifen. Klebe die Halbperlen auf die Flasche auf. **a**

2 Schneide nun die Leitwerke deiner Rakete mithilfe eines Cutters nach Vorlage aus starkem Pappkarton aus und beklebe sie mit Holografiefolie. Klebe die fertigen Leitwerke mithilfe von Heißkleber an die Flasche. **b**

3 Bohre mithilfe eines Schaschlikspießes ein Loch in den Korken, das in etwa den gleichen Durchmesser hat wie das Ventil. Stecke das Ventil durch den Korken. **c**

3, 2, 1 forschen!

Starte deine Rakete immer im Freien und ziele dabei niemals auf Menschen oder Tiere! Die Wasserrakete sollte immer im Beisein eines **erwachsenen Assistenten** ausprobiert werden: Fülle die Flasche zu einem Viertel mit Wasser und stecke dann den Korkstopfen auf die Öffnung. Am Ventil kannst du nun die Flasche mit Luft aufpumpen. Benutze dafür eine Fußluftpumpe. Die Flasche hebt ab, wenn genug **Druck** in der Flasche ist. Der Korken wird aus der Flasche gepresst, deine Rakete knallt nach oben, hinauf ins Weltall.

Silvester

Auch wenn zum Jahreswechsel die Korken aus den Sektflaschen knallen, liegt das am Druck: Die Kohlensäure will aus der Flasche und sprengt den Verschluss nach oben weg.

4 Für den Alien die größte Styropor®kugel mithilfe eines Cutters in der Hälfte teilen und mit dem Knautschpapier bekleben. Danach die restlichen Styropor®kugeln mit Alufolie umwickeln. **d**

d

Der Countdown läuft …

5 Die 6 cm-Kugel auf einen Schaschlikspieß stecken und diese Konstruktion wiederum in die halbe Styropor®kugel stecken. Die Antenne ist ein mit Silberpapier umwickelter Nagel, den du in die Kugel rammst.

6 Für die Augen die kleinen Kugeln mit Alufolie kaschieren und als Pupillen zwei schwarze Reißzwecken hineinstecken. Mithilfe von Heißkleber am Kopf des Aliens ankleben.

7 Die Schläuche auf seinem Rücken sind Hexentreppen aus Tonpapierresten. Klebe den Alien mit Heißkleber auf die Rakete.

JONGLIERKÜNSTLER

Fliegende Pingpongbälle

So geht's:

1 Nimm dir einen wasserfesten Stift und zeichne den Pingpongbällen hübsche Gesichter. **a+b**

3, 2, 1 forschen!

Halte den Fön so, dass die Luft nach oben geblasen wird. Halte jetzt den Pingpongball in diesen Luftkanal und lasse ihn los. Siehst du, wie er schwebt und sich dabei dreht? Aus dem Fön bläst ein gerade gerichteter starker **Luftstrom**. Wo die Luft auf den Ball trifft entstehen kleine Verwirbelungen. Die sorgen dafür, dass sich der Ball dreht. Wie viele Bälle kannst du in der Luft halten? Mit zwei Fönen kann man die Bälle hin und her hüpfen lassen.

ABSPRUNG!

$g = 9,80665 \text{ m/s}^2$

Fallschirm

So geht's:

1 Übertrage die Albatrosvorlage auf Tonzeichenpapier und schneide sie aus. Nun kannst du den Albatros anmalen. **a**

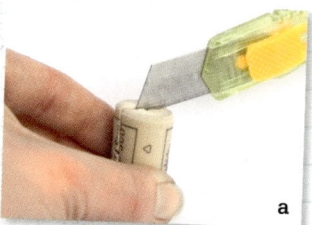

a

2 An den markierten Stellen stanzt du mit einer Lochzange Löcher. Hinter die Löcher klebst du die Lochverstärker.

3 Schneide den Fallschirmstoff zu. An den markierten Stellen stanzt du Löcher in den Stoff und befestigst mit einer Ösenzange je eine Öse. **b**

b

Das brauchst du
- Tonzeichenkarton in Naturweiß, A4
- Korken
- 4 Baumwollfäden in Vanillegelb, 30 cm lang
- 4 Ösen, ø 0,6 cm
- 4 Lochverstärker
- 4 Büroklammern
- Stoff in Orange mit Terrakottatupfen, 25 cm × 25 cm

Für die Dekoration
- Filzstift in Sonnengelb und Anthrazit

- Buntstift in Hellgrau, Dunkelgrau, Blau, Fuchsia, Flaschengrün, Orange und Rosé

Hilfsmittel
- UHU Alleskleber
- Kohlepapier
- Lochzange
- Ösenzange
- Schere

Vorlagen
Seite 125 und 129

Schwierigkeitsgrad
☒☐☐

Tollpatschig

Der Albatros ist ein Seevogel, allerdings ist er ohne Wind nicht in der Lage, zu starten und muss deswegen oft Anlauf nehmen. Auch seine Landungen sehen sehr ungeschickt aus. Mitunter macht er dabei sogar eine Vorwärtsrolle. Das passiert, weil seine langen Flügel zu träge flattern – aber zum Segelfliegen sind sie supergut!

4 Teile einen Korken der Länge nach. **c**

c

5 Knote die Fäden alle an einem Ende zusammen. Du klebst nun den halben Korken hinten an deinen Albatros und den Knoten der Fäden genau zwischen Korken und Vogel. An alle vier Fadenenden knotest du eine Büroklammer und befestigst diese am Fallschirm, damit der Vogel sicher landen kann. **d+e+f**

d

e

f

3, 2, 1 forschen!

Wenn dein Fallschirmspringer fällt, faltet sich durch den Luftzug der Fallschirm auf und füllt sich mit Luft. Dadurch erfährt der Fallschirmspringer kurzfristig einen **„dynamischen Auftrieb"**. Dieser verringert die Sinkgeschwindigkeit. Das ermöglicht eine sanftere Landung, als ohne den Fallschirm. Je größer das Gewicht des Fallschirmspringers ist, umso größer sollte die Auftriebskraft des Fallschirms sein, die abhängig von der Fläche und von der Materialbeschaffenheit des Fallschirms ist: Je größer der Fallschirm und je dichter sein Material, um so langsamer gleitet der Albatros zu Boden.

DER GEHT AB!

Bumerang

So geht's:

1 Übertrage die Vorlage auf den Karton. Schneide nun die Bumerangform mithilfe eines Cutters aus. **a**

Das brauchst du
- Karton, 2 mm stark, 30 cm × 30 cm

Für die Dekoration:
- Glitterpapierrest in Türkis
- Motivkarton „Mosaik", 50 cm × 70 cm
- Spiegelkartonrest
- 8 Halbperlen in Weiß, ø 2 mm
- Halbperle in Weiß, ø 6 mm
- 4 Strasssteine in Lila und Türkis, ø 5 mm
- Glitter-Liner in Grün
- Motivstanzer „Seestern", ø 1,5 cm
- Motivstanzer „Sonne", ø 1,5 cm

Hilfsmittel:
- UHU Alleskleber SUPER strong & safe
- Cutter & Schneideunterlage
- Bleistift

Vorlage:
Seite 126

Schwierigkeitsgrad
☒ ☒ ☐

2 Klebe den Kartonbumerang mit Alleskleber auf den Motivkarton und schneide ihn abermals aus. Das gleiche machst du mit der Rückseite, sodass der Bumerang von beiden Seiten mit Motivpapier beklebt ist.

3 Nun umrandest du den Bumerang mit Glitter-Liner in Grün und lässt ihn trocknen. Währenddessen nimmst du Scrapbookingpapier- und Spiegelkartonreste und stanzt neun Sonnen und acht Seesterne aus. Diese klebst du mit Alleskleber auf deinen Bumerang. **b+c**

4 Auf der Stanzform in der Mitte sitzt die große Halbperle. Die übrigen Halbperlen verteilst du auf den Seesternen. Die Strasssteine verteilst du auf den Stanzteilen in Sonnenform. **d+e**

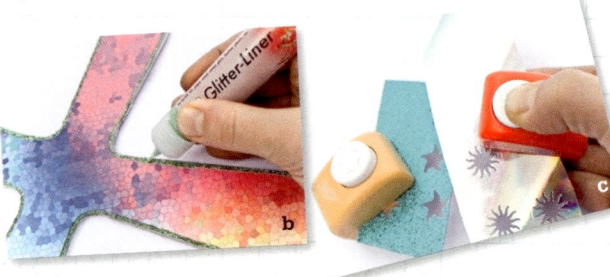

5 Jetzt schnell raus mit dir ins Freie, den Bumerang ausprobieren. Lade dir dazu einen Freund ein – schließlich macht es riesigen Spaß, sich den Bumerang wie ein Frisbee® zuzuwerfen.

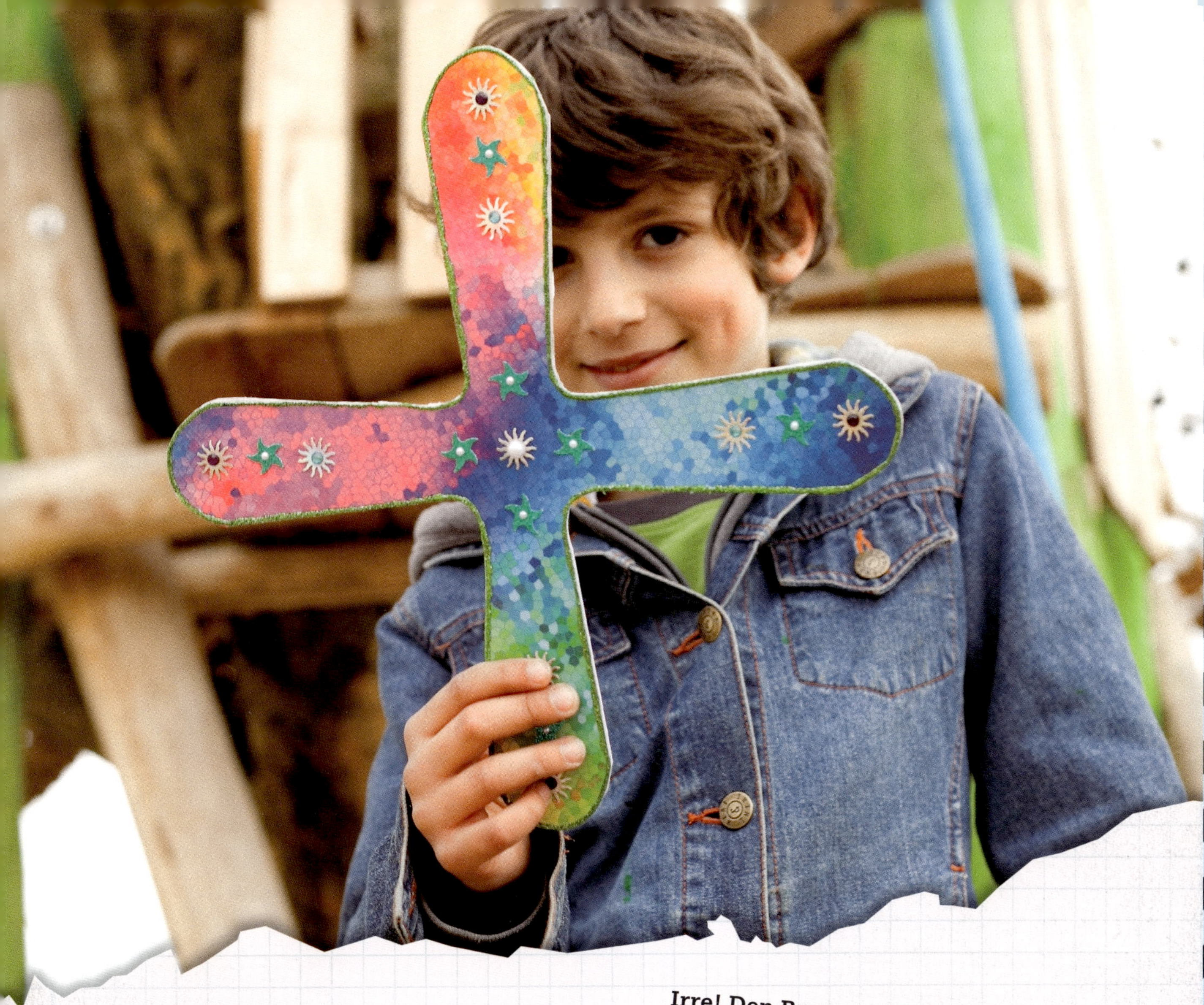

3,2,1 forschen!

Der Bumerang dreht sich wie der Kreisel von Seite 16 um sich selbst und stabilisiert sich so in der Luft. Wenn du möchtest, dass er einen Kreis fliegen kann, musst du seine Mitte etwas aufpolstern, die Kanten mit Klebefolie kaschieren und ihn senkrecht werfen. Das optimiert den Auftrieb.

Irre! Den Bumerang kennt die Menschheit schon seit 23 000 Jahren!

Übrigens: Ein Sportbumerang kommt zu dir zurück, ein Jagdbumerang (Kylie) fliegt nur geradeaus.

Damit jagen die Ureinwohner Australiens! ### Damit jagen die Ureinwohner Australiens! ### Da

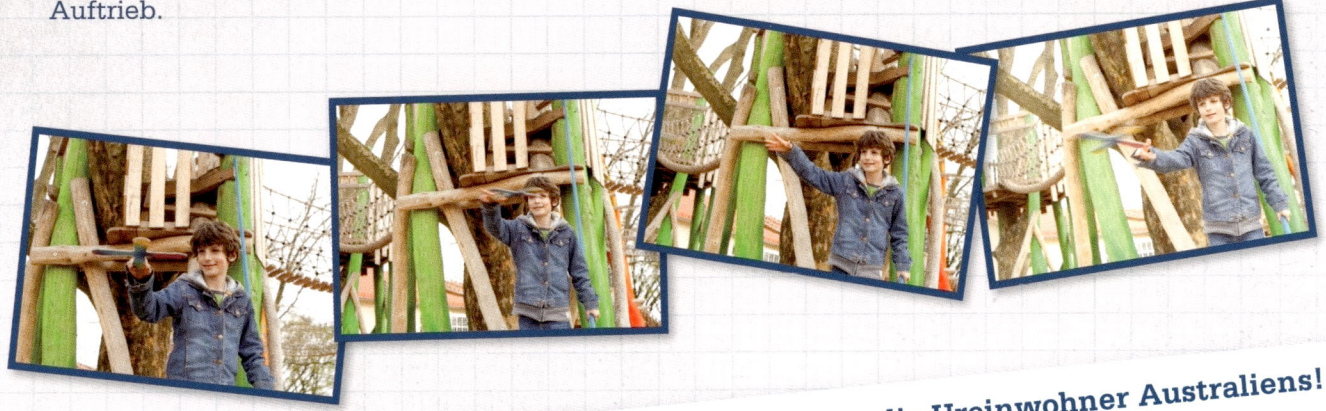

DICKE LUFT

Ballon in der Flasche

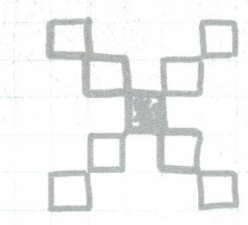

So geht's:

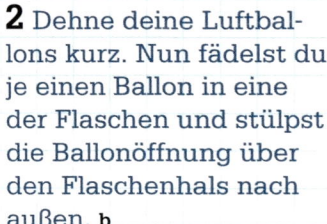

1 Bohre in die eine Flaschenunterseite ein kleines Loch. Das kannst du mit einer Schere oder einem Drillbohrer machen. **a**

2 Dehne deine Luftballons kurz. Nun fädelst du je einen Ballon in eine der Flaschen und stülpst die Ballonöffnung über den Flaschenhals nach außen. **b**

3 Wenn du deine Flaschen noch etwas verzieren willst, dann übertrage die Vorlage auf Papier und male sie bunt an. Anschließend schneidest du die „dicke Luft" aus und klebst sie auf die Flasche. **c+d**

Ganz schön eng hier!

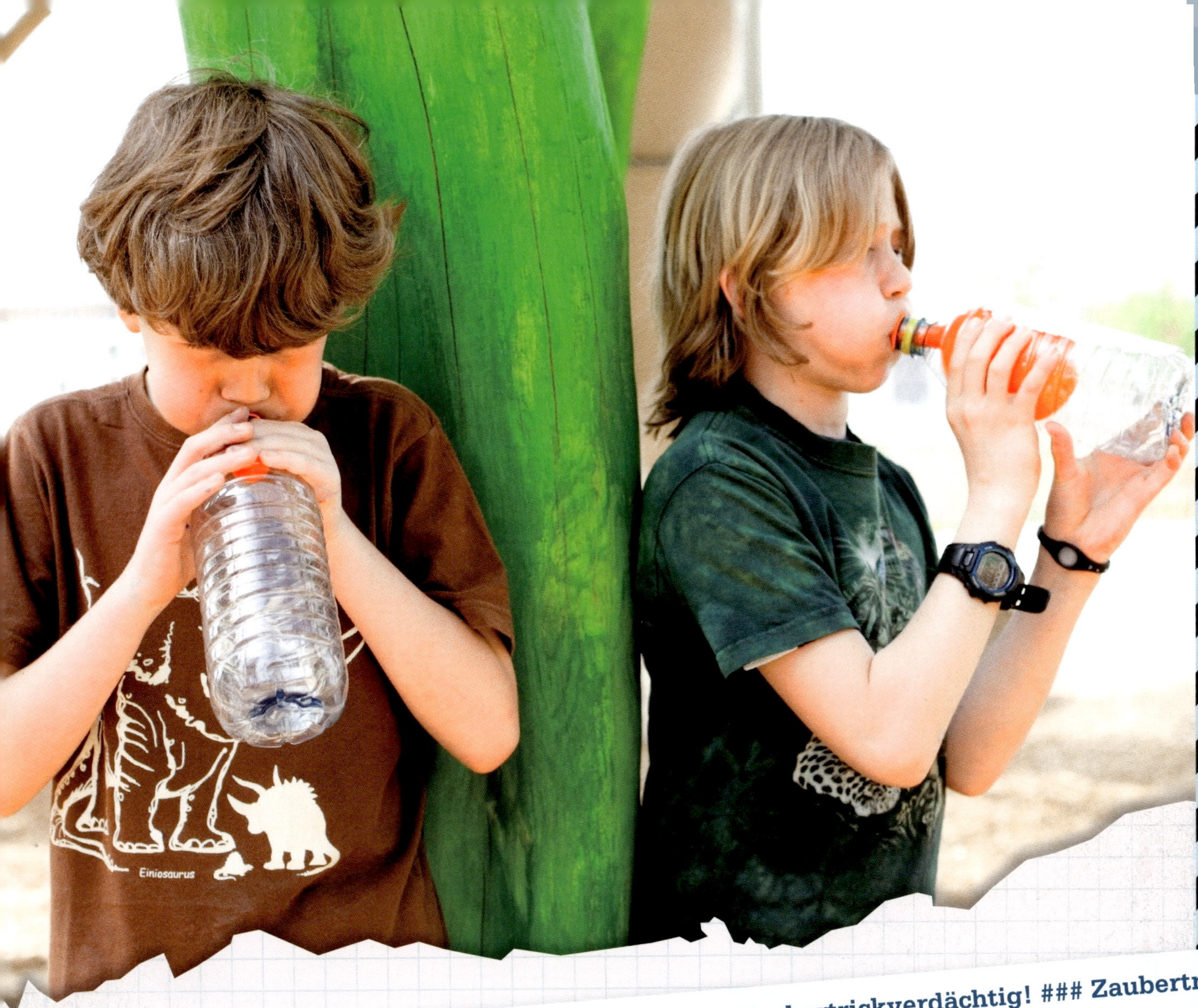

Zaubertrickverdächtig! ### Zaubertrickverdächtig! ### Zaubertrickverdächtig! ### Zaubertrickve

3,2,1 forschen!

Versuche, den Ballon in der Flasche ohne Loch aufzupusten: Ätsch! Klappt nicht! Die Luft in der unversehrten Flasche ist ja in der Flasche eingeschlossen. Da sie nicht entweichen kann, bleibt sie in der Flasche und lässt sich natürlich nicht verdrängen, denn die Flasche ist ja schon voll.

Und versuche jetzt, den Luftballon in der Flasche aufzublasen, in die du das Loch gebohrt hast. Klappt! Nach dem Aufpusten musst du nur deinen Finger auf das Loch im Flaschenboden drücken und zuhalten. Du kannst jetzt sogar mit dem Mund von der Flasche weggehen, ohne dass der Ballon wieder schrumpft – und das ohne, dass der oben verschlossen ist!

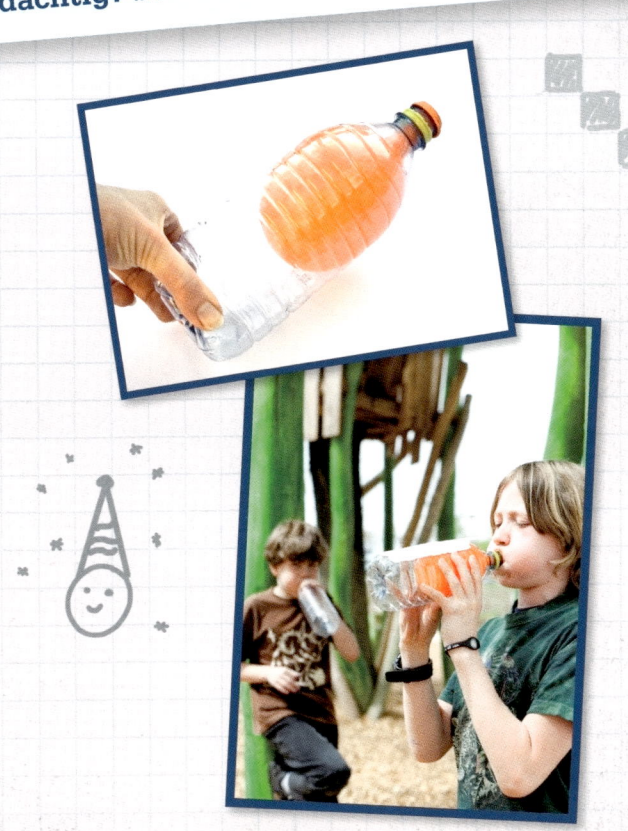

GIRAFFENGERANGEL

Pneumatik-Power

Überall

Es gibt pneumatische Schieber in Kläranlagen, die Reaktorbrennstäbe eines Kernkraftwerks werden pneumatisch ein- und ausgefahren und auch das Verriegelungssystem in Autotüren funktioniert über eine Luftsäule. Dieses Prinzip begegnet dir also überall.

So geht's:

1 Übertrage die Giraffenvorlagen mithilfe eines Kohlepapiers auf das gelbe Tonpapier und schneide sie aus. Du kannst die Giraffenflecken mit dem braunen Buntstift ausmalen.

2 Ziehe bei einer der Spritzen den Kolben ganz hoch und bei der anderen lässt du den Kolben unten. Verbinden nun die zwei Spritzen, indem du den PVC-Schlauch jeweils unten über die Spitzen stülpst. Fixiere den Schlauch mit etwas Klebstoff. **a**

3 Als nächstes nimmst du deine Giraffen und klebst die Köpfe mit den langen Hälsen an die Kolbenoberkante – dazu dienen die angezeichneten Knicklaschen. **b**

4 Klebe die Giraffenkörper an die untere Kante der Spritzenkörper. Die Hälse sollten dabei hinter den Giraffenkörpern liegen. **c+d+e**

Du brauchst
• 2 Einmalspritzen, 20 ml
• PVC-Schlauch, ø 6 mm, 50 cm lang

Für die Dekoration
• Tonpapier in Gelb, A4
• Buntstift in Braun

Hilfsmittel
• UHU Alleskleber
• Kohlepapier
• Schere

Vorlage
Seite 124

Schwierigkeitsgrad
☒ ☒ ☐

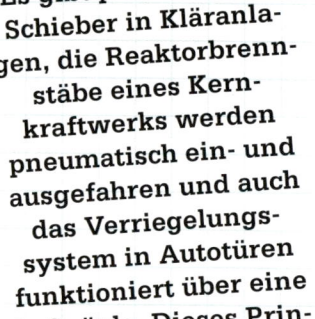

a

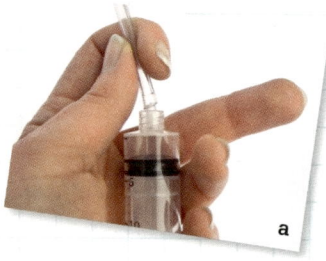

b

c

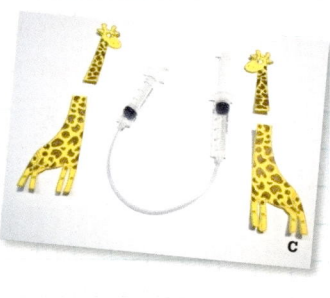

d

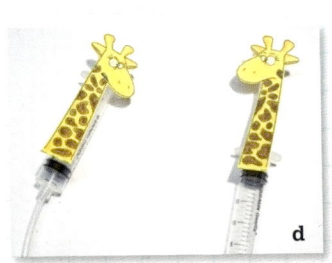

Lass mich auch mal gucken!

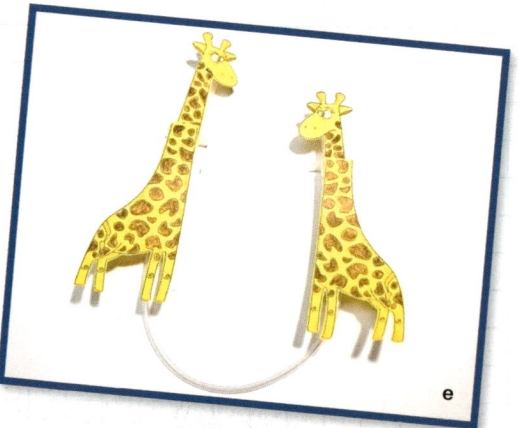

e

3,2,1 forschen!

Wenn du jetzt je eine Spritze in eine Hand nimmst und den hochstehenden Kolben nach unten drückst, schiebt sich der Kolben der einen auf der gegenüberliegenden Seite nach oben – von ganz alleine. Mal hat die eine Giraffe einen langen Hals und mal die andere Giraffe. Witzig, oder? Das liegt daran, dass der Kolben der vor dem Verschließen mit dem PVC- Schlauch oben war, eine Menge Luft im Inneren gespeichert hat. Dadurch, dass die Spritzen luftdicht miteinander verbunden sind, drückt es die Luft mal in den einen und dann wieder in den anderen Kolben, je nachdem auf welche Seite du drückst. Diese Luftkraft nennt man **Pneumatik.**

Variiere die Dekoration und versuche auch mal Zylinderhüte mit Hasen, die beim Drücken scheinbar magisch erscheinen.

Magischer Wissenschaftstrick ### Magischer Wissenschaftstrick ### Magischer Wissenschaftstrick

PLITSCH &
PLATSCH

ATTACKE!

Schwammbomben

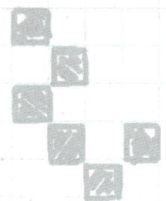

So geht's:

1 Schneide die Schwammtücher jeweils in sieben Streifen. **a**

Das brauchst du
- 2 Schwammtücher
- Baumwollfäden
- Wasser

Für die Dekoration
- Schwamm
- Stickgarn in Schwarz
- Permanentmarker in Schwarz

Hilfsmittel
- Schere
- dicke lange Nadel
- Eimer mit Wasser

Vorlage
Seite 128

Schwierigkeitsgrad
☒ ☐ ☐

2 Bündle die Streifen und wickle in der Mitte einen Faden um alle. Das Garn straff ziehen und zusammenknoten. Wenn das Garn straff genug ist, sieht deine Schwammbombe ein bisschen aus wie ein Seeigel. **b**

3 Nun kannst du dir aus Abwaschschwämmen noch Figuren ausschneiden, beispielsweise einen Fisch oder einen Tintenfisch. Übertrage die Vorlage auf einen Schwamm, schneide das Tier aus und zeichne mit einem wasserfesten Stift die Augen auf. **c+d**

4 Dann nimmst du eine Nadel und Garn und nähst mit zwei Stichen deinen Zierfisch oder deinen Kraken an deine Schwammbombe. Na wenn das nicht die allercoolsten Schwammbomben überhaupt sind … **e**

Expertenwissen

Schwämme sind Tiere. Der älteste bekannte Schwamm ist 10 000 Jahre alt und lebt im Südpolarmeer. Der antarktische Riesenschwamm ist fast 2 m hoch und das älteste Lebewesen der Erde!

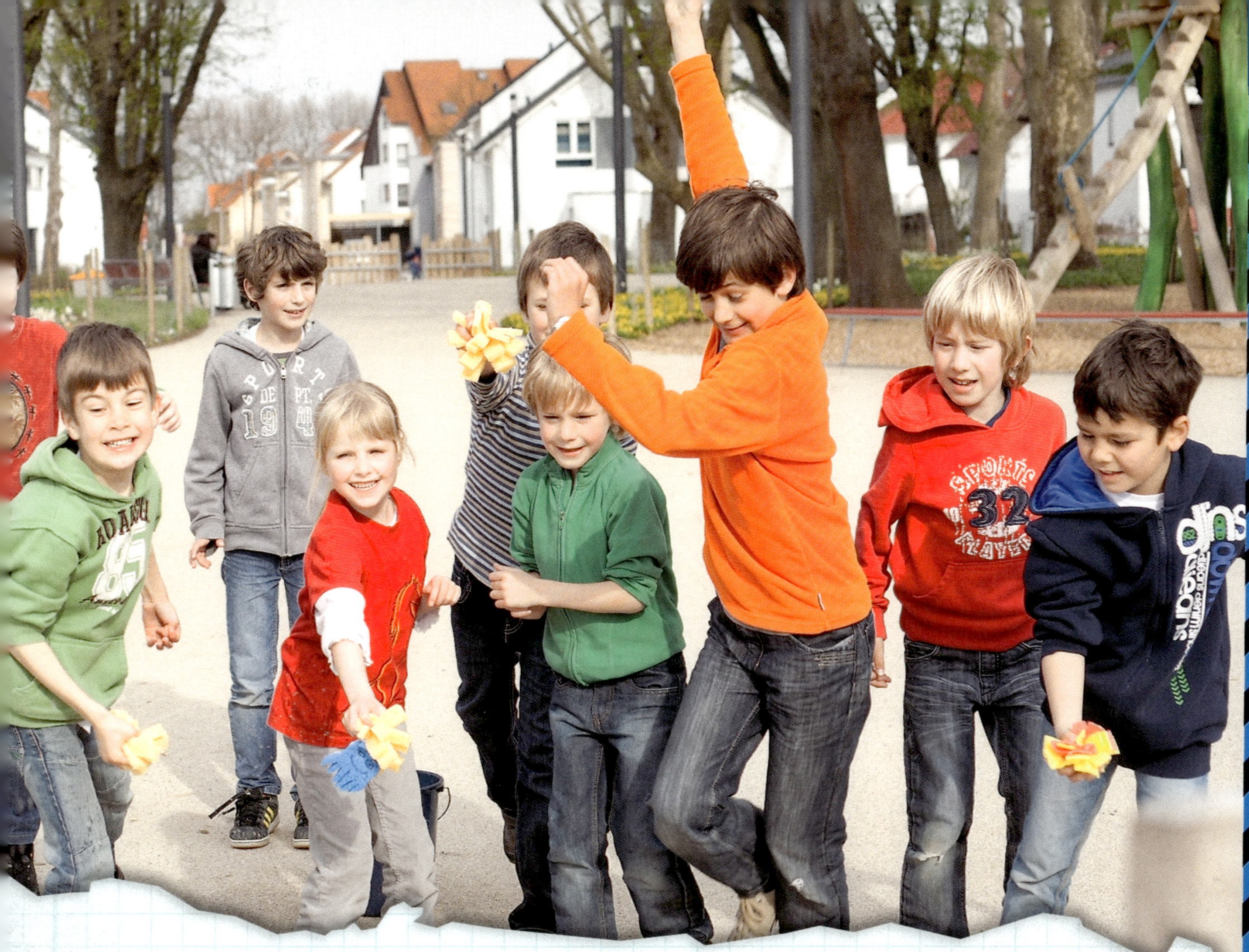

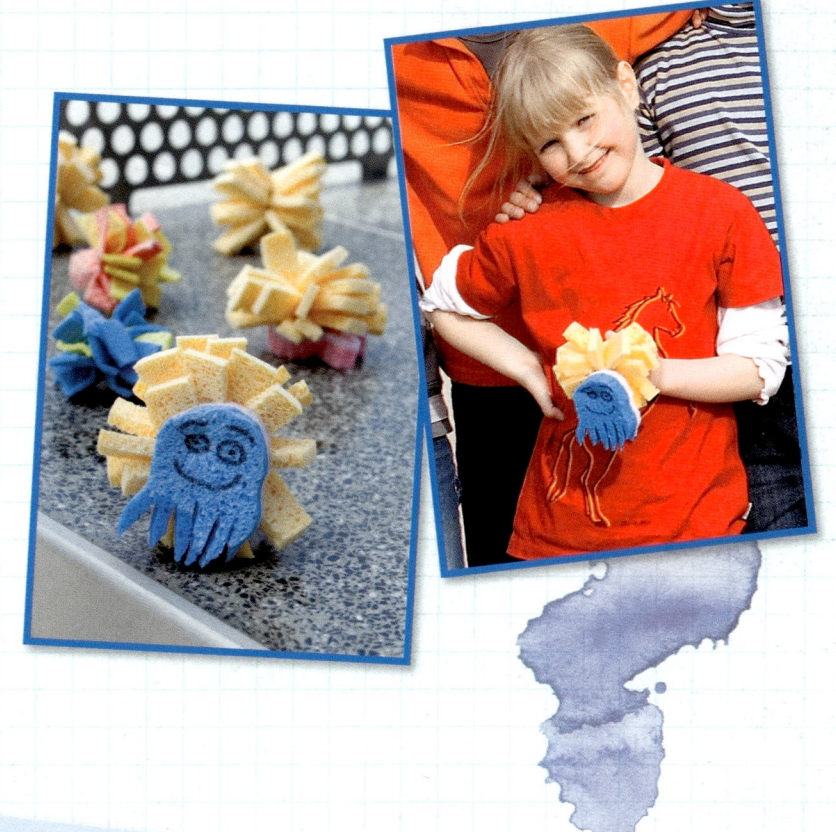

3,2,1 forschen!

Spülschwämme, synthetische Schwämme zum Polieren und auch natürliche Massageschwämme sind denkbare Schwammbomben-grundlagen. Sie haben alle unterschiedlich große **Poren**. Diese Poren funktionieren wie Röhrchen, in denen sich das Wasser sammelt. Je nach Größe und Menge der Löcher nehmen die Schwämme Wasser auf. Also teste ganz verschiedene! Große Poren geben das Wasser auch schnell wieder ab. Das Wasser knallt beim Aufprall aus dem Schwammgewebe heraus, es wird durch die Wucht herausgedrückt.

Nicht auf Unbeteiligte oder Tiere werfen! ### Nicht auf Unbeteiligte oder Tiere werfen!

MISSION MISSISSIPPI

Schauffelraddampfer

So geht's:

1 Übertrage die Vorlage auf Balsaholz und schneide zwei Seitenteile mit dem Cutter aus. Da Balsaholz sehr leicht ist, schwimmt es prima! **a**

2 Lass dir die Grundplatte und die Teile für das Schaufelrad von einem **Erwachsenen** nach Vorlage aus Sperrholz aussägen.

3 Nimm die drei Teile des Schaufelrades und klebe sie mit Holzleim zusammen. Befestige die Einzelteile zusätzlich mit Kreppklebeband, bis das Schaufelrad getrocknet ist. **b**

Das brauchst du
- Sperrholzplatte, 3 mm × 16 cm × 16 cm
- Balsaholz, 15 mm × 25 cm × 7 cm
- 2 Haushaltsgummis
- 2 Nägel, 2 cm lang

Für die Dekoration
- Decorlackspray in Farblos
- Buntlack in Rotviolett
- Birkenrinde, 3 cm × 17 cm
- Borke, 4,5 cm × 10 cm
- 15 Mosaiksteine in Gelb, Türkis und Rot, 5 mm × 5 mm × 3 mm
- 3 Korken (2 davon hohl), ø 2 cm, 4 cm lang
- Korken, ø 1,5 cm, 2 cm lang
- Blatt in Türkis, Violett und Pink, 5 cm × 13 cm
- Moosreste in Hellgrün
- 6 Muscheln, 1,5 cm × 1 cm
- 3 Rundholzstäbe in Dunkelbraun, 3 mm × 30 mm
- Formfilzrest in Grau und Lindgrün
- Kokosholzornament, 5 cm lang
- 8 Glasperlen in Perlmutt, 5 mm × 10 mm
- Erde
- Sternanis
- Eichel

Hilfsmittel
- UHU Alleskleber SUPER strong & safe
- UHU Holzleim wasserfest
- Feinsäge
- Cutter
- Schleifpaper
- Kreppklebeband
- Hammer

Vorlage
Seite 124

Schwierigkeitsgrad
☒ ☒ ☒

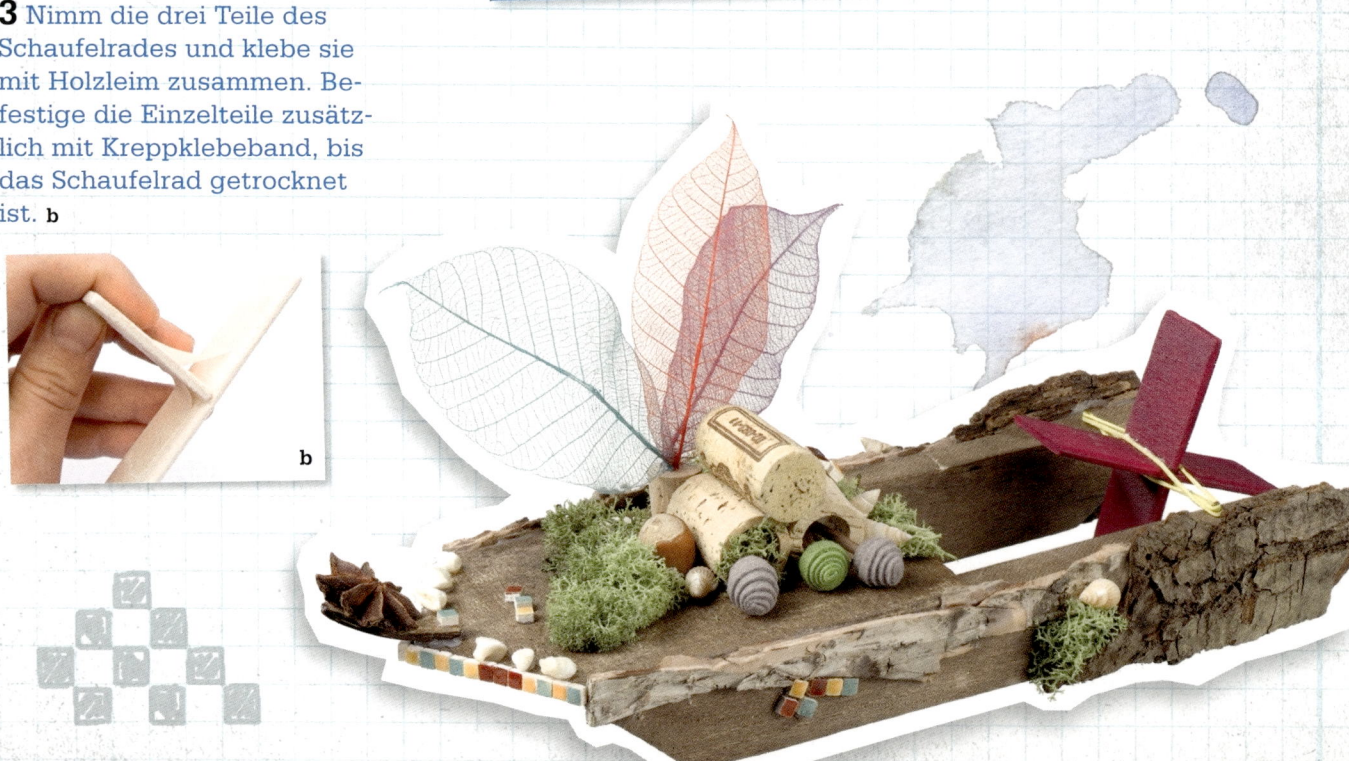

4 Jetzt wird's wild: Nimm alle Teile (außer dem Schaufelrad) und eine Unterlage zur Hand. Reibe das Holz mit feuchter Erde ein. Nachdem du die Erde abgeklopft hast, sprühst du alle Teile mit Decorlackspray ein. So sind sie wasserfest. **c+d**

5 Arbeite draußen: Gehe mit deinem Schaufelrad an die frische Luft und sprühe es auf einer alten Zeitung mit Buntlack in Rotlila an. Lass es gut trocknen!

Weiter geht's auf der nächsten Seite ...

6 Schlage mit einem Hammer jeweils einen Nagel in den hinteren Bereich der Seitenflächen, dort wo später das Schaufelrad eingespannt wird. Spanne zwischen den Nägeln zwei Haushaltsgummis. Später kannst du damit das Schaufelrad aufziehen. **e**

7 Natürlich soll das Boot auch optisch was hermachen! Nimm dir kleine Mosaiksteine in Gelb, Türkis und Rot und klebe sie und ein paar Muschelscheiben mit starkem Alleskleber an die Vorderseite des Schiffes. Auch an den Seitenteilen kannst du ein paar Steine verteilen. Klebe die Borke und die Birkenrinde mit Holzleim an den Seitenflächen des Bootes fest. Einen Bugspriet klebst du aus einem Sternanis und einem Kokosornament. **f+g**

8 Damit dein Dampfer nicht unbeladen bleibt, klebst du Korken, Moos, Eichel und Muschel auf die Lastenfläche. Die Bäume, die der Schaufelraddampfer geladen hat, entstehen, indem du ein sehr spitzes Formfilzdreieck um einen kleinen Rundholzstab drehst. Beim Eindrehen ein wenig Alleskleber verteilen. Als Spezialdeko bereitest du dir einen Korken vor, in den du drei Blätter hineinsteckst. Klebe die Konstruktion neben die Lasten auf dein Schiffsdeck. **h+i**

Wie bei Huckleberry Finn

Der größte Raddampfer der Welt ist die 127 m lange „American Queen". Sie wird wie die Schiffe des 19. Jahrhunderts mit einer Dampfmaschine angerieben. Ihr flacher Rumpf ist ideal für die Flussschifffahrt auf dem mit Sandbänken durchsetzten Mississippi. Sie bietet 600 Menschen Platz.

H₂O

3, 2, 1 forschen!

Spanne das Schaufelrad so zwischen die Haushaltsgummis, dass jeweils ein Gummistrang hinter einer Schaufel liegt. Drehe die Schaufel mehrmals nach hinten, bis die Gummis komplett ineinander verdreht sind. Halte das Rad fest und setze das Boot ins Wasser. Wenn du nun das Schaufelrad mit den verdrehten Gummis loslässt, fährt das Schiff vorwärts. Ab geht die wilde Fahrt!

Bei deinem Schaufelraddampfer erfolgt der **Antrieb** durch zwei Gummibänder, die um die Schaufelblätter gedreht sind. Werden diese gelöst, sind sie bestrebt wieder in ihre Ursprungsposition zurückzukehren und setzen dabei die Antriebsenergie frei. Durch die fortlaufende Drehung der eintauchenden Schaufelblätter wird ein Vortrieb erzeugt und das Boot bewegt sich nach vorn.

FONTANA FANTASTICA

Springbrunnen

Hui!

So geht's:

1 Arbeite im Freien: Hier kannst du den Verschluss des Joghurtglases und deine Schüssel mit der grünen Sprühfarbe zwei Mal ansprühen. Lass alles gut trocknen. **a**

2 Währenddessen kannst du dir das Joghurtglas in Blau- und Grüntönen mit Glasmalfarbe hübsch anmalen. Fixiere die Farbe entsprechend der Herstellerangaben. **b**

3 Nun nimmst du dir den trockenen Deckel zur Hand und bohrst mit einem Drillbohrer ein Loch hinein, durch das dein Strohhalm passt. **c**

4 Stecke den Strohhalm durch das Loch und dichte ihn rundherum mit Klebstoff ab, damit die Stelle luftdicht ist. **d**

5 Dein Glas füllst du jetzt zu einem Drittel mit kaltem Wasser und schraubst den Deckel mit dem Strohhalm drauf.

6 Als nächstes nimmst du dir die Schüssel und stellst dein Joghurtglas hinein. Rund um das Joghurtglas legst du ein paar schicke Steine. Knete ein paar Wassertiere. **e**

3,2,1 forschen!

Fülle deine Schüssel mit kochendem Wasser. Dein Springbrunnen sprudelt los! Das Prinzip dahinter ähnelt dem eines Thermometers (vgl. Seite 66/67). Das Wasser im Inneren des Joghurtglases **dehnt sich aus**, weil es durch das heiße Wasser von außen erwärmt wird. Im Inneren des Joghurtglases hat es keinen Platz mehr, weil ja alles luftdicht verschlossen ist und die Luft im Glas sich nicht zusammendrücken lässt. Das ausgedehnte Wasser will irgendwo hin und sprudelt deshalb zur einzigen Öffnung – dem Strohhalm – hinaus.

H_2O

55

EXPEDITION NAUTILUS

Taucherglocke

So geht's:

1 Verziere die Glasschüssel am Rand mithilfe des Porzellankonturenstifts. Ein schönes Muster ergeben beispielsweise immer ein Strich und drei Punkte nebeneinander. Lass sie gut trocknen und fixiere die Farbe nach Herstellerangaben (oft geht das im Backofen). **a**

2 Halbiere einen Tischtennisball und füllen ihn mit Play Foam. **b**

3 Zeichne den beiden Spielfiguren mit einem Permanentmarker Gesichter auf – das sind deine zwei Schatzsucher. Drücke die Abenteurer in den Play Foam. **c**

4 Schneide aus dem blauen Transparentpapier ein kleines Dreieck aus. Dieses Dreieck fädelst du auf eine Stecknadel – schon ist dein Segel fertig. **d**

5 Das Segel musst du nun ebenfalls in den Play Foam drücken. Jetzt können deine Schatzsucher in ihrem kleinen Boot in See stechen, um alle Schätze dieser Welt zu suchen. **e**

6 In die große Glasschüssel legst du nun ein paar Glitzersteine und füllst sie dann halbvoll mit Wasser. Die Expedition Nautilus beginnt! **f**

Uralt

Schon Aristoteles kannte 320 v. Chr. eine erste Taucherglocke – die Dekompressionskammern und Unterwasserstationen der modernen Meeresforschung funktionieren noch heute so!

3, 2, 1 forschen!

Stülpe das Glas über die Schatzsucher. Das Wasser steht unter dem kleinen Glas weniger hoch, als im Rest der Schüssel. Warum das so ist? In deinem Glas ist Luft eingeschlossen, die das Wasser weg drückt. Du hast also eine **Taucherglocke**! Deine Abenteurer können bequem alle Schätze einsammeln. Zähl mal, wie viele schwimmende Glitzersteine du mit deiner Expedition in 30 Sekunden einsammeln kannst.

FLAMINGOFUTTER

Salinenkrebschen selbstgemacht

So geht's:

1 Übertrage die Flamingo- und die Salzkrebsvorlage auf das karierte Papier schneide sie mithilfe einer Nagelschere sauber aus. **a**

2 Male alle Linien mit einem Reliefstift in Schwarz nach.

3 Die Rückenpartie des Krebses mit Reliefstift in Kupfer anmalen. Die kleine Styropor®kugel mithilfe eines Cutters teilen und mit dem schwarzen Reliefstift bemalen. Die Schwanzzotteln aus Scrapbookingpapierresten ausschneiden und auf der Rückseite festkleben.

4 Die Augen mit Metallic Liner in Weiß und Reliefstift in Schwarz gestalten. Wenn diese gut durchgetrocknet sind kannst du sie mithilfe von Styroporkleber auf die entsprechende Stelle auf die Salzkrebsvorlage kleben.

5 Für die Krebsbeine ziehst du an sechs Stellen des Salzkrebskörpers einen Faden durch und bestückst diese anschließend mit Rocailles in Türkis und Gelb. **b**

6 Dein Gefäß besprühst du mit Sprühkleber und bestreust es mit Glitter in Türkis und Blau. Mit Alleskleber befestigst du den Flamingo auf der Flasche. Nimm dir eine Kugelschreiberhülse (nur den unteren Teil) und fülle diese mithilfe eines Rundholzstabs mit Knete. Stecke einen Nagel hinein. **c**

Versalzen

Salzseen sind oft Binnengewässer in Wüsten. Durch die andauernde Verdunstung salzen sie aus. In solch einem Lebensraum können Fische nicht existieren. Aber das Salinenkrebschen kann das. Es ist ein echter Urzeitkrebs! Salinenkrebse gab es schon vor 100 Millionen Jahren. Je salziger ihr See ist, umso rötlicher werden die Krebse. Frisst ein Flamingo viele Krebse, wird der weiße Vogel pink.

7 Am oberen Ende der Hülse befestigst du den Trinkhalm mit Gewebeklebeband. Damit alles wasserfest ist, dichtest du die Stellen zwischen Kugelschreiberhülle und Trinkhalm mit Knete ab und überklebt und alles mit Dekotape. **d**

d

8 Stich mit dem Rundholzstab ein Loch in eine Styropor®kugel. Auf den Trinkhalm steckst du die Kugel und klebst den Salzkrebs mithilfe von Styropor®kleber daran.

3,2,1 forschen!

Fülle nun Wasser in das Glas und stecke die Trinkhalmvorrichtung samt Krebs in das Gefäß. Nun schütte mithilfe eines Trichters viel Salz in das Gefäß: Das Salzwasser hat eine andere Dichte als Leitungswasser. Der Krebs bekommt daher ungeheuren **Auftrieb** und wippt vor dem Flamingo hoch und runter als wolle er ihn foppen.

FLINKE FLOSSE

Wasserläufer

H₂O

Das brauchst du
- Plastikflasche, 0,5 l
- Rundholzstab, ø 3 mm 15 cm lang
- Nähgarn, 60 cm lang
- Holzrest
- PVC-Schlauch, ø 0,4 cm, 5 cm lang
- Lebensmittelfarbe in Gelb oder Türkis
- Wasser
- 6 Holzperlen in Grün oder Rot, ø 1,2 cm

Für die Verzierung
- Buntstift in Braun, Rot, Blau, Sonnengelb und Orange
- Tonpapier in Weiß, A4

Hilfsmittel
- UHU Bastelleim, wasserfest
- Schere
- Cutter
- Kohlepapier

Vorlagen
Seite 124

Schwierigkeitsgrad
☒☒☐

So geht's:

1 Übertrage die Vorlage der fixen Nixe von Kohlepapier und male sie dir in deinen Lieblingsfarben an. Anschließend schneidest du sie aus und bohrst in die Mitte ein kleines Loch.

2 Mithilfe eines **erwachsenen Assistenten** schneidest du die Flasche unterhalb des Flaschenhalses mit einem Cutter ab. Anschließend schneidet ihr noch zwei gegenüberliegende Kerben in die abgeschnittene Kante des unteren Flaschenteils. **a**

3 Seitlich zu diesen Kerben bohrt ihr unten in die Flasche ein Loch. **b**

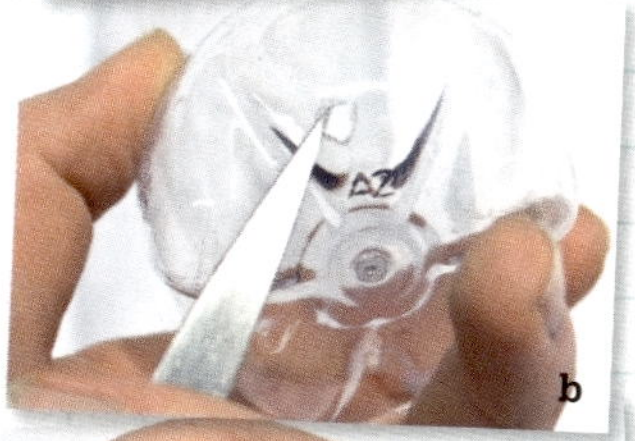

4 In dieses Loch fädelst du das Schlauchstück und befestigst es mit einigen Tropfen Bastelkleber, damit die Verbindung auch dicht ist. Gut trocknen lassen. **c**

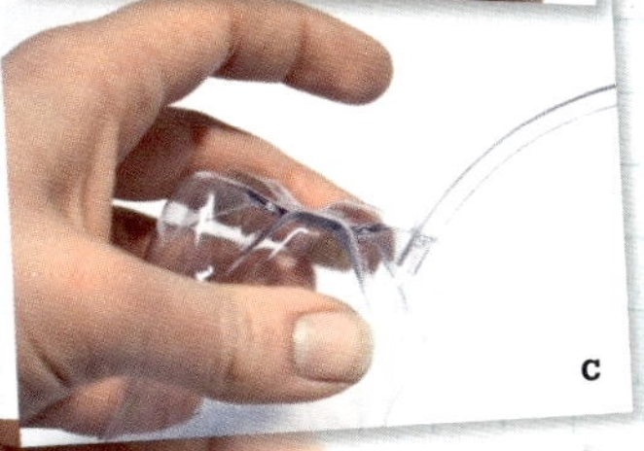

5 Nun nimmst du dir einen Holzstab und fädelst fünf Perlen darauf. Das spitze Ende des Holzstabs steckst du durch die Mitte der Mädchenillustration. **d**

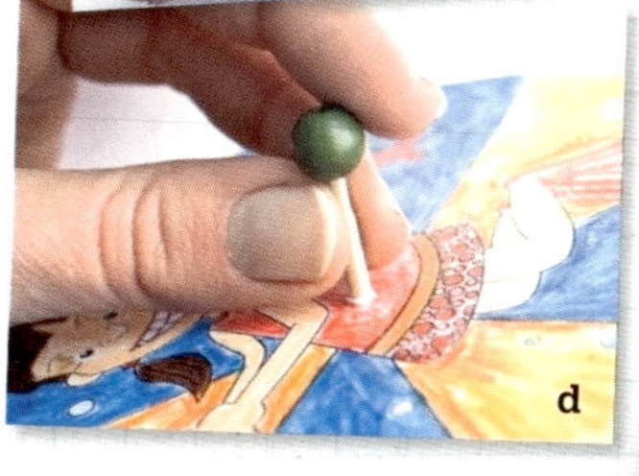

Auf die Plätze, fertig, los …

Wassermusik

So ein Wasserläufer wäre (wetterfest laminiert) auch am Regenfass denkbar. Befestige kleine Glöckchen außen an der Drehscheibe. Wenn jemand Wasser aus dem Regenfasshahn ablässt, dreht sie sich und klimpert dabei.

6 Als nächstes nimmst du dir das kleine Holzstück, wickelst einen Faden darum und knotest ihn dann fest. Das andere Ende des Fadens knotest du mittig an den Holzstab. Dann wickelst du das restliche Garn um den Holzstab auf.

7 Das Stäbchen legst du jetzt in die Kerben der Flasche und verteilst die Perlen so, dass der Holzstab in den Kerben gut hält. Dein Garn mit dem Holzstück sollte mittig in die Flasche hängen. **e**

8 Stelle die Flasche auf eine Dose oder stelle sie erhöht auf, beispielsweise auf eine Mauer. Dein Schlauchstück sollte frei herunterhängen. **f**

3,2,1 forschen!

Schütte das eingefärbte Wasser oben in die Flasche. Das Mädchen paddelt los!!! Warum? Das leichte Holzstück schwimmt auf der Wasseroberfläche und während der Wasserstand sinkt, weil das Wasser herausläuft, wandert das Holzstück mit. Es zieht dabei an dem Rundholzstab, an dem das andere Ende des Fadens befestigt ist und wickelt sich durch diesen Zug ab (das Gewicht des Holzstücks bewirkt den Zug). Während sich der Faden abwickelt, dreht sich der Rundholzstab und mit ihm in gleicher Richtung das Mädchen.

RÜCK DIE KNETE RÜBER!

Schwimmexperimente

So geht's:

1 Knete kochen! In der Küche benötigst du einen **erwachsenen Assistenten:** Nimm dir einen Topf und stelle ihn auf den Herd. Nun füllst du das Wasser und das Salz hinein. Den Herd schaltest du auf kleiner Stufe ein. Anschließend gibst du das Öl und die Zitronensäure dazu. Verrühre das Ganze gut und warte bis es kurz vor dem Kochen ist. **a+b+c**

2 Wenn das Wasser brodelt, nimmst du den Topf vom Herd und schüttest das Mehl hinein. Dabei musst du ganz schnell und gleichmäßig rühren. Eine breiige Masse entsteht, die ganz schnell fester wird. Lass das ganze etwas abkühlen. **d+e**

3 Knete jeweils einige Tropfen Lebensmittelfarbe in deinen Lieblingsfarben in den Teig. Bewahre deine Öko-knete in luftdichten Dosen auf, so hält sie eine Weile. **f+g**

Wenn du einen besonders schönen Fisch geknetet hast, kannst du ihn an der Luft einige Tage trocknen lassen – er wird knallhart.

3,2,1 forschen!

Ein Knetball geht unter – richtig? Weißt du auch, wie du die Knete zum Schwimmen kriegst? In die Mitte des Balls kannst du eine Styropor®kugel einarbeiten. Jetzt schwimmt er. Warum? Styropor® ist unglaublich leicht. Sein Gewicht ist geringer als das Gewicht des Wassers, das er verdrängt, wenn er im Wasser liegt. Deshalb schwimmt er. Du kannst regulieren, wie tief dein Knetwerk eintaucht – je nach dem, wie viel Styropor® du einarbeitest.

Leicht

Ähnlich wie die Styropor®kugel funktioniert die luftgefüllte Schwimmblase, die viele Fische haben, um ihr Körpergewicht auszugleichen. Haie haben keine Schwimmblase, daher müssen sie ständig ihre Flossen bewegen, um nicht abzusacken.

WETTERFROSCH

Thermometer

So geht's:

1 Fülle die Flasche mit Wasser und Lebensmittelfarbe. Sei sparsam mit der Lebensmittelfarbe, damit du noch gut hindurchschauen kannst. **a**

a

Das brauchst du
- Acrylglasröhrchen, ø 5 mm, ca. 37 cm lang
- 1 EL Knete in Blau
- kleine Glasflasche, 25 cm hoch
- 1 EL Lebensmittelfarbe in Blau
- 300 ml Wasser
- Permanentmarker

Für die Dekoration
- Tonzeichenpapier in Weiß, A4
- Buntstift in Ocker, Grün und Rehbraun
- Washitape in Flaschengrün

Hilfsmittel
- Schere
- Herd
- Kochtopf
- Wasser
- Schüsseln
- Frostfach
- Eiswürfelbehälter
- ggf. eine kleine Handsäge

Vorlagen
Seite 129

Schwierigkeitsgrad
☒☒☐

2 Nun steckst du das Röhrchen in die Flasche. Aus Knete machst du dir einen Pfropfen, der die Flasche verschließt, aber das Röhrchen etwas oben herausschauen lässt. **b+c**

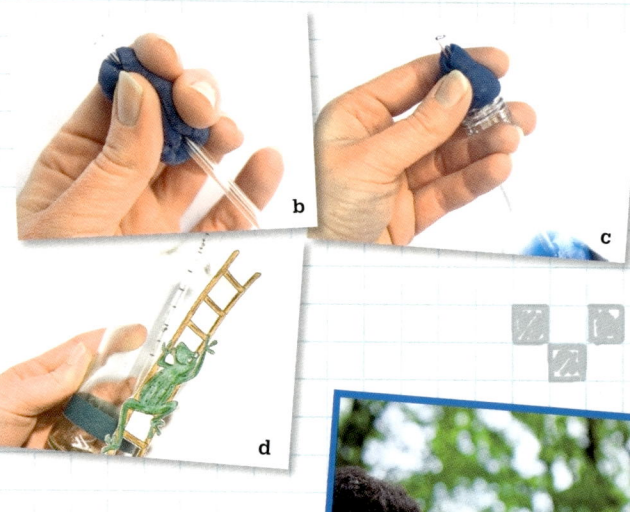
b
c
d

3 Mithilfe von Kohlepapier überträgst du die Vorlage mit dem Wetterfrosch auf der Leiter auf das Papier und malst das Bild dann aus. Klebe diese Illustration seitlich an die Flasche. **d**

4 Den unteren Flaschenbauch kannst du mit Washitape verzieren.

5 Bereite dein Experiment vor: Du brauchst kochendes Wasser und einige Eiswürfel.

6 Stelle dein Thermometer in einen Topf, den du mit Eiswürfel befüllst. Nach fünf Minuten kannst du dein Finger auf das Röhrchen drücken, damit der Unterdruck das Wasser im Rohr gefangen hält. Ziehe es heraus und markiere den Wasserstand für 0 °C. Mach das Selbe noch einmal, nur dass du statt der Eiswürfel kochendes Wasser in den Topf schüttest. Du siehst nach fünf Minuten, dass das Wasser im Röhrchen aufgestiegen ist. Markiere auch diesen Wasserstand für 100 °C. Du hast ein Thermometer! **e**

e

3,2,1 forschen!

Durch die Veränderung der Temperatur der Umgebung, verändert sich proportional das Volumen der Flüssigkeit in der Flasche. Die Flüssigkeit ist ja luftdicht verschlossen und will irgendwo hin und deshalb steigt sie im Röhrchen auf, wenn das Wasser erwärmt wird. Dabei wird das Wasser nicht mehr oder weniger. Aber die Teilchen, aus denen das Wasser besteht schwingen bei Wärme mehr, brauchen also mehr Platz, und bei Kälte weniger.

Ist das Röhrchen zu lang, sägst du es dir vorsichtig mit einer Handsäge kürzer. Um die Sägestelle vor dem Sägen einen Klebestreifen wickeln, damit das Acrylröhrchen an der Schnittkante nicht bricht.

JETZT GIBT`S ZUNDER!

BOMBENLEGER!

Rauchbombe für miese Streiche

So geht's:

1 Für das Anfertigen einer Rauchbombe brauchst du mindestens drei Tischtennisbälle.

2 Stich mithilfe einer Nagelschere in den ersten Tischtennisball ein Loch. Das Loch sollte den Durchmesser des Trinkhalms haben, den du später hineinstecken wirst. **a**

3 Zerschneide nun den zweiten und dritten Tischtennisball mithilfe der Nagelschere in viele kleine Stücke, sodass sie durch das Loch passen.

4 Fülle nun den Tischtennisball mit den kleinen Schnipseln. **b**

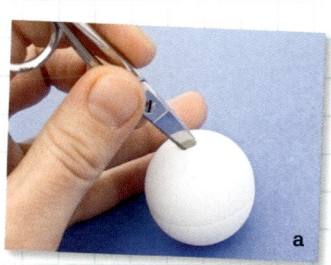

5 Stopfe nun etwas Watte in deinen Tischtennisball.

6 Schneide dir einen Trinkhalm auf 5 cm Länge zu. Stecke ihn bis zur Hälfte in den gefüllten Tischtennisball. **c**

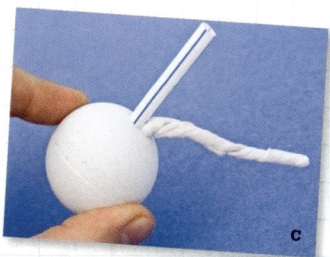

7 Führe die Zündschnur (alternativ ein Wunderkerzenbruchstück) durch ein zweites Loch bis zur Hälfte ein.

8 Umwickle nun den ganzen Tischtennisball mit Alufolie. Das Trinkhalm umwickelst du ebenfalls mit Alufolie aber lässt die Öffnung oben frei. Die Zündschnur muss locker sitzen, damit sie nicht ausgeht. **d+e**

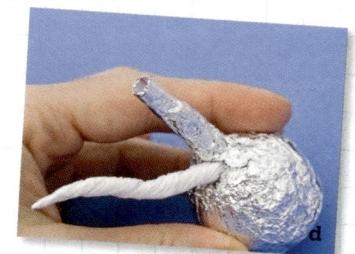

3, 2, 1 forschen!

Geh unbedingt mit deiner Rauchbombe ins Freie, bevor du sie anzündest! Dein **erwachsener Assistent** entzündet die Zündschnur, sie entzündet die im Ball befindlichen Teilchen. Zuerst brennt die Watte an **(Aber Achtung! Kurze Stichflamme, Abstand halten!)** und überträgt die Hitze auf die kleingeschnittenen Tischtennisballteilchen, die dann zu glühen anfangen. Dabei entsteht **Rauch**. Rauch bildet sich bei Verbrennungsprozessen und besteht aus Staubpartikeln, Abgasen und Nebeltröpfchen.

FLAMMENDE STUNDEN

Zeitkerze

So geht's:

1 Arbeite draußen: Sprühe den Deckel in Bronze an. Lass die Farbe gut durchtrocknen. **a**

2 Währenddessen schneidest du mit dem Cutter eine dünne Scheibe vom Korken ab. **b**

3 Bohre dann mit dem Vorbohrer mittig durch den Deckel. Stecke auf der Deckelunterseite das Korkenscheibchen auf und drehe die Perle unten dagegen. So ist der Vorbohrer Teil des Modells. Oben an der Handdrehschlinge knotest du das Gummiband fest. **c+d**

4 Den Holzstab umwickelst du mit dem bronzefarbenen Metallpapier und schneidest das eine Ende spitz zu (wie einen Pfeil). Den Pfeil klebst du mit Klebstoff an die Korkenscheibe. **e**

5 Aus den Resten des Bronzepapiers drehst du dir kleine Spiralen, indem du schmale Streifen um einen Stift wickelst. Diese Locken und einige Schrauben klebst du nun mit Zweikomponentenkleber an den Rand des Deckels. Jetzt sieht er aus wie eine zersprungene Uhr.

6 Das braune Tonzeichenpapier und reißt du dir zu einem Rechteck, 4 cm × 18 cm. Zeichne dir darauf mit einem weißen Stift eine senkrechte lange und eine waagerechte kurze Linie. **f+g**

7 Das Lederpapier schneidest du dir auf 21 cm × 7 cm zu. Den Rand verzierst du mit Reißzwecken, die du auf der Rückseite umbiegst. **h**

8 Du zündest nun die Kerzen an und tropfst ein bisschen Wachs auf den Kaffeedosendeckel, um die Kerzen zu befestigen. Such dir nun eine feuerfeste Stelle und binde deine Kerzenkonstruktion fest, sodass sie knapp über dem Boden schwebt. Dein schickes Lederpapier stellst du auf, indem du es hochkant in eine Knetkugel drückst. Stelle es so auf, dass der bronzefarbene Pfeil auf die weißen Striche auf dem Lederpapier zeigen kann. **i**

3, 2, 1 forschen!

Ein **erwachsener Assistent** zündet die beiden Kerzen an. Wenn die Kerzen abbrennen, werden sie leichter, weil das Wachs verbrennt. Das Gummiband erschlafft. Das Resultat ist, dass dein Pfeil immer ein Stück nach oben rutscht, je länger die Kerzen brennen. Mach nach zehn Minuten den nächsten waagrechten Strich (genau an der Stelle, die der Pfeil dann markiert) und zeichne dann im selben Abstand weitere waagrechte Striche auf. Jetzt hast du eine Uhr!

Mittelalterlich

Kerzenuhren gibt es schon seit dem Mittelalter. Mönche haben sie meistens verwendet, um ihre gemeinsamen Gebetszeiten genau einzuhalten.

FEUERSPUCKEN

brennendes Mehl

Achtung, Feuer ist was für Profis!

So geht's:

1 Sicher hast du schon einmal einen Feuerspucker beobachtet. Bitte einen **erwachsenen Assistenten**, dir bei diesem Feuer-Experiment behilflich zu sein. Er darf es als erster ausprobieren.

2 Du kannst dein Spuckröhrchen mit Dekotape verzieren. a

3 Damit alle deine Freunde wissen, dass sie beim Experimentieren vorsichtig sein müssen, bastelst du ein tolles Warnschild. Übertrage die Vorlage des Streichholzmännchens, schneide es aus und male es an. Damit das Männchen auch standfest ist, bringst du mithilfe von Klebestreifen an der Rückseite eine Büroklammer an, die du vorher ein Stück weit aufgebogen hast. b

4 Raus mit dir! Stell dir den Propangaskocher auf eine feuerfeste Unterlage und dreh die Gaszufuhr auf. Dein **erwachsener Assistent** entzündet die Flamme. c

a

ABER ACHTUNG !!! MIT MIR IST NICHT ZU SPASSEN !!!

b

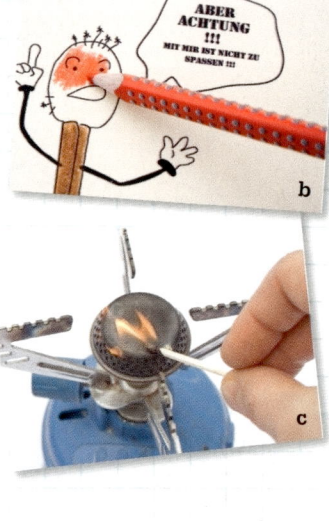

c

5 Nimm den Trinkhalm nun in den Mund und sauge etwas Mehl damit an. Blase nun den Mehlstaub mit Abstand durch die Flamme im Propangaskocher: Es leuchtet eine gewaltige Flamme auf, wie bei einem Feuerspucker!

3, 2, 1 forschen!

Du spuckst Mehl und man sieht eine Flamme, warum das denn? Ein Gemisch aus brennbarem Staub und Luft ist explosionsfähig. Das ist auch in deinem Mehlexperiment der Fall. Da das Mehl fein verteilt in der Luft schwebt, umgibt die Mehlpartikel sehr viel Sauerstoff. Das fördert die **Verbrennung**. Die Mehlpartikel können die Wärme sehr gut aufnehmen und durchzünden. Durch diesen Effekt kann es sogar sein, dass Stoffe, die in fester Form nicht brennen (Stahl), plötzlich stark brennbar sind (Stahlwolle).

Nur mit wenig Mehl probieren, sonst kann es gefährliche Riesenexplosionen geben!

IGITT!

Eklige Stinkbombe

So geht's:

1 Nimm eine dicke alte Zeitung und lege sechs Wunderkerzen darauf. Schlage mit einem Hammer auf sie ein bis die Brennschicht der Wunderkerzen von den kleinen Eisenstäbchen abgebröckelt ist. Schütte deine Ausbeute in ein Schälchen. **a**

a

2 Platziere ein paar Tierhaare auf dem A4-Papier. Schütte das abgebröckelte Brennmittel der Wunderkerzen darauf und schlage alles in das Papier ein als würdest du ein Geschenk einpacken. **b+c**

b

3 Umwickle das Paket mit 12 Haushaltsgummis. Stich an einer Seite mithilfe des Schaschlikspießes ein Loch in dein Rauchpaket. Dort schiebst du eine weitere Wunderkerze hinein, die als Zündschnur fungiert. **d+e**

c

4 Umwickle das Paket trichterförmig mit Alufolie, sodass der Stinkqualm nur in eine Richtung austritt.

d

e

5 Ab nach draußen! Jetzt solltest du darauf achten, dass keine Tiere oder Menschen in der Windrichtung stehen, die den Rauch einatmen könnten. Such dir eine feuerfeste Stelle als Unterlage oder platziere sie auf einem mit Blumenerde gefüllten Untersetzer. Zünde die Wunderkerze an. Entferne dich schnell von deiner Stinkbombe – Igitt! **f**

f

Hey, aber nur Haare, die schon ausgefallen sind!

3,2,1 forschen!

Die Bombe brennt und das Feuer stinkt nach Schwefel! Warum das so ist? Haare bestehen aus einer Grundsubstanz, die man Keratin nennt und die für die Spannkraft deiner Haare sorgt. Keratin ist ein Eiweiß. Alle Eiweiße (Proteine) sind aus **Aminosäuren** aufgebaut. Das Keratin beinhaltet ziemlich viel Cystein, eine Aminosäure, die auch im Schwefel vorkommt, daher auch der Geruch nach Schwefel bei der Verbrennung von Haaren. Einfach eklig!

Jiihh!

COOLE OPTIK!

FOTOSHOOTING

Camera Obscura

$$\frac{B}{G} = \frac{b}{g}$$

Du brauchst
- verschließbare Chips-dose
- Transparentpapier, A5
- Paketklebeband

Für die Verzierung
- Riffelblechfolie selbst-klebend, A3
- Washitape in Schwarz-Weiß gestreift
- Washitape in Türkis
- Moosgummibuchstaben in Grün, Blau und Lila

Hilfsmittel
- UHU Moosgummikleber
- UHU Alleskleber
- Schere
- Cutter
- Stift
- Drillbohrer

Schwierigkeitsgrad
☒ ☒ ☐

So geht's:

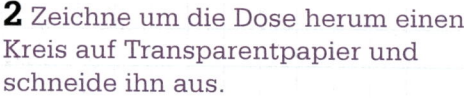

1 „Camera Obscura" ist lateinisch und heißt „dunkel Kammer". Weil das cooler ist, kürzen wir sie C. O. ab. Was das sein soll? Eine Loch-kamera. So bastelst du dir eine: Schneide die Chipsdose in 10 cm Höhe mit einem Cutter durch. Es ist wichtig, dass die Schnittkante sauber und gerade ist. **a**

2 Zeichne um die Dose herum einen Kreis auf Transparentpapier und schneide ihn aus.

3 Mithilfe eines Drillbohrers oder einer Reißzwecke bohrst du ein win-ziges Loch in die Dosenbodenmitte des kurzen Dosenteils. **b**

4 Auf den Dosendeckel klebst du das Transparentpapier. Deinen prä-parierten Deckel stülpst du nun auf den kurzen unteren Teil der Dose. **c**

Weiter geht's auf der nächsten Seite ...

Guckloch

So eine Lochkamera kennt man schon seit dem 4. Jahrhundert v. Chr. Im Mittelalter betrachtete man mit ihrer Hilfe Sonnen-finsternisse.

3 Als nächstes nimmst du den langen abgeschnittenen Teil der Dose und stellst ihn auf den Deckel der verkürzten Dose. Umwickle die Schnittstelle lichtdicht mit Paketklebeband. **d**

4 Verziere deine C. O. am Deckel mit gestreiftem Washitape. Dann schneidest du dir deine Riffelblechfolie zu. Kaschiere damit die Dose. Die Enden der Dose (oben und unten) umwickelst du noch mit Washitape in Türkis. Mit Moosgummibuchstaben beschriftest du die C. O. („Camera Obscura"). Fixiere die Buchstaben mit Moosgummikleber am langen Teil der Dose.

5 Such dir einen sonnigen Ort und ein kontrastreiches Motiv. Jetzt nimmst du die C. O. und hältst sie mit dem kleinen Loch in Richtung des Motivs. Schau durch die andere Seite in dein Dosenrohr. Was siehst du? Dein ausgesuchtes Motiv bildet sich seitenverkehrt und kopfüber auf dem Papier im Inneren der Kamera ab. Verrückt!

Ups, ich steh' ja kopf!

$$D = \sqrt{c \cdot \frac{b \cdot g}{b+g}}$$

Fotografisch

Du hast eine Kamera gebaut: Mit der C. O. kann man echte Fotos machen! In einem Raum, der nur eine Rotlichtlampe hat, baust du ein Stück Fotopapier statt des Transparentpapiers ein – mit der zu belichtenden Seite in Richtung des kleinen Lochs. Das kleine Loch verdeckst du mit einem Stück schwarzen Isolierbands. Wenn du dein Motiv gefunden hast, öffnest du das Isolierband für zwei Sekunden und klebst es dann wieder zu. Jetzt kannst du in die Dunkelkammer gehen und dein Bild entsprechend der Herstellerangaben mit Fotochemie entwickeln. Die exakte Belichtungszeit hängt vom Licht, der Lochgröße und dem Abstand zum Motiv ab – teste es aus!

Wenn deine Lochkamera nicht gleich funktioniert oder dein Bild zu schwach zu sehen ist, dann musst du die Dose innen noch mit schwarzer Sprühfarbe aussprühen – das erhöht den Kontrast.

3, 2, 1 forschen!

Das steckt dahinter: Wir sehen Dinge durch die **Reflexion** des Lichts auf allen Gegenständen. Lichtstrahlen prallen an dem Gegenstand ab und bündeln sich im Kameraloch. Je kleiner das Loch, umso schärfer ist dein Bild. Alle Strahlen enden erstmals am fast lichtundurchlässigen Transparentpapier. Da die Lichtstrahlen schräg verlaufen, enden die Strahlen, die unten am eigentlichen Gegenstand beginnen in der Dose oben und jene, die oben beginnen, enden in der Dose unten. Das Bild steht kopf.

SPIONAGEMONSTER

Periskop

Das brauchst du
- Tonkarton in Hellgrün, A4
- Spiegelfolienrest (oder zwei kleine Spiegel)
- 18 Klebepunkte in Hellblau
- UHU Alleskleber

Für die Dekoration
- Buntstifte in Dunkelblau, Magenta, Dunkelgrün und Weiß

Hilfsmittel
- Schere
- Kohlepapier
- Haushaltsgummis

Vorlagen
Seite 126

Schwierigkeitsgrad
☒☒☐

So geht's:

1 Übertrage dir die Vorlage mithilfe eines Kohlepapiers auf das Tonzeichenpapier und schneide die Teile aus. **a**

2 Nun malst du das Monster an und verzierst es mit 18 Klebepunkten in Hellblau. **b+c**

3 Falze das Papier an den Knicklinien. Verklebe es an den Laschen. Am besten fixierst du das ganze mit Haushaltsgummis, bis der Klebstoff hält.

4 Nun kannst du auch die Arme, die Zunge und die Augen an dein Monster kleben. **d**

5 Schneide dir aus der Spiegelfolie zwei Quadrate aus (oder verwende zwei kleine Kosmetikspiegel) und klebe eines unten hinten und eines oben vorn in dein Monster (an die inneren „Dachschrägen"). Fertig ist der Spion! **e+f+g**

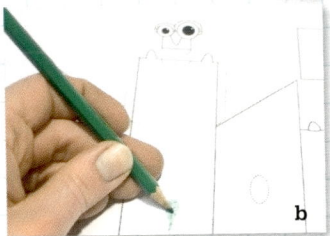

Militärisch

Mit einem Periskop schaut die Mannschaft eines U-Boots, was sich so über Wasser tut. So können sie Schiffe beobachten ohne selbst aufzutauchen. Aber auch in Bunkern, Schützengräben und auf Luftkissenbooten wird das Periskop eingesetzt.

3, 2, 1 forschen!

Der Spiegel unten steht schräg, sodass er das Bild, das der obere Spiegel zeigt ebenfalls spiegelt. So kannst
du unten sehen, was eigentlich nur
das Monster oben sieht. Das funktioniert auch mit einem laaaaaangen
Monster, sodass du über Mauern spi-
onieren kannst, die höher sind als du.

WÜSTENKUNST

Sandbilder

Testen!

Nimm dir eine Büroklammer und stecke sie zwischen Becher und Knoten. Stoße dein Sandpendel an. Danach kannst du die Büroklammer höher oder tiefer am Faden noch einmal feststecken und darüber staunen, was mit dem rieselnden Sand passiert. Der Pendelradius ändert sich!

So geht's:

1 Spüle einen großen Joghurtbecher und trockne ihn ab. In deinen Joghurtbecher bohrst du mit dem Drillbohrer unten mittig ein Loch in den Boden. **a**

2 Als nächstes bohrst du noch zwei gegenüberliegende Löcher in die obere Kante des Joghurtbechers. Nun fädelst du je ein Ende des Fadens durch ein Loch in der Oberkante und verknotest es. Die beiden Bänder führst du nun mittig über den Joghurtbecher und machst einen Knoten hinein. **b**

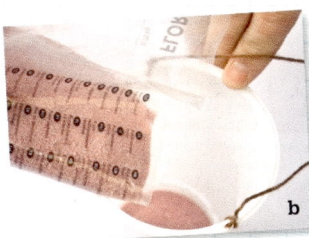

3 Wenn du magst, kannst du deinen Becher noch mit Washitape hübsch verzieren. Suche dir eine Stelle, an der du den Becher aufhängen kannst. Dazu könnte dir eine Teppichklopfstange, eine Kletterstange auf dem Spielplatz oder ein Türrahmen dienen. Dort knotest du den Becher so an, dass er 10 cm über dem Boden schwebt. Dein Papier legst du genau darunter. **c**

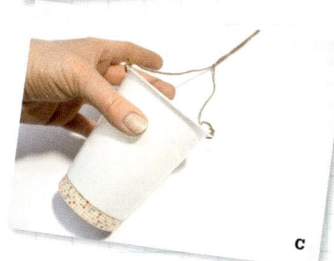

Du brauchst
- Papier in Weiß, A1
- Baumwollfaden, 4 m lang
- Joghurtbecher
- Vogelsand (oder bunter Dekosand)
- ggf. Acrylfarbe in deiner Lieblingsfarbe

Für die Dekoration
- Washitape mit bunten Punkten

Hilfsmittel
- Schere
- Drillbohrer
- Teppichklopfstange

Schwierigkeitsgrad
☒☐☐

3, 2, 1 forschen!

Du füllst Sand (oder alternativ Farbe) in deinen Becher und stupst ihn an. So hat er ein bisschen Schwung. Der Sand beginnt, durch das Loch im Boden herauszurieseln, während dein Becher pendelt. Dadurch, dass das **Pendeln** eine regelmäßige Bewegung ist, entstehen coole Muster auf deinem Papier, oft tolle Blumen. Der Radius der Bewegung wird immer kleiner bis der leere Becher schließlich stehen bleibt.

Wenn du dir ein dauerhaftes Sandbilder gestalten willst, solltest du dein Papier vor dem Pendeln mit Bastelleim bestreichen.

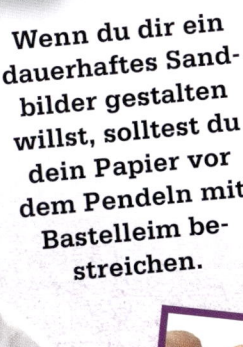

SIEHSTE?

Zwiebelhautdia

So geht's:

Das brauchst du
- Diarahmen
- Diaprojektor
- getrocknete Zwiebelhaut, Blätter, Federn
- Transparentfolie

Für eine Spiel- und Experimentieridee
- Papierbögen
- Malerkrepp
- Stifte

Hilfsmittel
- Schere
- Cutter und Schneide-unterlage
- helle Projektionsfläche

Schwierigkeitsgrad
☒ ☐ ☐

1 Schneide dir die transparente Folie so zu, dass sie in den Diarahmen passt. Für ein Dia brauchst du zwei Folienstücke. **a+b**

2 Klappe deinen Diarahmen auf und lege erst die eine Folie hinein, dann dein dünnes Naturfundstück und dann die andere Folie drüber. **c+d**

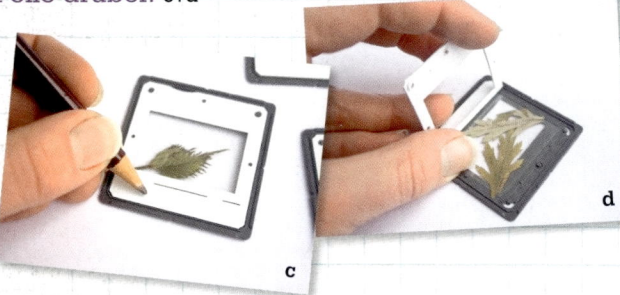

Projiziere dein Lieblingsdia an eine Wand, an der du mit Malerkrepp einen A2-Bogen Zeichenpapier befestigt hast. Darauf kannst du dein Objekt skizzieren. Diese fabelhaften Formen kommen direkt aus der Natur und sind doch in dieser Größe völlig fremdartig. An was erinnert dich dein Bild? Gestalte es mit Fühlern, Augen und Schatten aus!

3 Drücke deinen Diarahmen wieder zu. Wenn du magst, kannst du ihn auch noch beschriften.

4 Wenn du einige Dias beisammen hast, dann legst du sie in einen Diaprojektor und projizierst die Bilder an eine weiße Wand. Wahnsinn: Bei der Zwiebelhaut erkennst du sogar einzelne Zellen! **e**

3,2,1 forschen!

Warum sehen die projizierten Fundstücke auf einmal so anders aus? Weshalb sieht man Strukturen, die man vorher nicht gesehen hat? Das liegt daran, dass die Projektion das Fundstück vergrößert darstellt und zugleich durchleuchtet. Der Effekt ist der gleiche wie unter einem **Mikroskop**.

Wenn du deine Freunde einlädst, könnt ihr ein Ratespiel veranstalten: Alle müssen raten, was du gerade in den Projektor eingelegt hast. Zwiebelhaut? Federn? Ein Lindenblatt?

FUNDSTÜCKE

Kaleidoskop

So geht's:

1 Du klebst eine Aufbewahrungsdose ins untere Ende der Klopapierrolle ein. Aber lass den Deckel so überstehen, dass du ihn öffnen und schließen kannst.

2 Nun nimmst du die Spiegelfolie und schneidest dir drei Streifen entsprechend der Vorlage zu. Diese klebst du auf der Rückseite mit Washitape aneinander. Wenn du draufschaust, siehst du einen Körper mit einem gleichschenkeligen Dreieck als Grundfläche. Die Spiegelfläche schiebst du in die Klopapierrolle. **a+b+c**

a

b

c

lat. reflectere –
zurückbeugen

3, 2, 1 forschen!

Warum das so schön aussieht? Nun, die Spiegelflächen spiegeln sich gegenseitig, denn der **Einfallswinkel ist gleich dem Ausfallswinkel** der Reflektion. Weil ja alle Spiegelflächen gleich groß sind und zueinander stehen, wird das Bild von einer Spiegelfläche reflektiert und die Reflektion wird gegen eine andere Spiegelfläche geworfen, die ihrerseits reflektiert.

3 In das obere Ende der Klopapierrolle klebst du die zweite kleine Dose ein. Entsprechend der Vorlage schneidest du dir Tonzeichenpapier als Abdeckung mit Guckloch zu und klebst es auf den Deckel. Diese Dose darf ganz in der Rolle verschwinden. **d**

d

4 Die Rolle umklebst du mit gestreiftem Washitape. Immer eine Runde herum, dann abtrennen und dann die nächste Runde. Über die Stellen, an denen sich das Washitape trifft, klebst du ein Stück Tonzeichenpapier in Türkis. Fülle das Döschen zu einem Drittel mit Rocailleperlen. **e**

e

5 An den Enden klebst ebenfalls Tonzeichenpapier um die Rolle. Wickle das Lederband kunstvoll über das rehbraune Tonzeichenpapier. Die Enden lässt du ca. 30 cm lang und verdrehst sie miteinander. Hier knotest du einen Karabinerhaken ein. Nun kannst du dein Kaleidoskop an eine Gürtelschlaufe klipsen und überall hin mitnehmen. Wenn du unterwegs etwas Interessantes siehst, kannst du damit dein Kaleidoskop bestücken. Probiere alltägliche und verrückte Füllungen aus! **f**

f

ZOMBIEPUDDING

Leuchtender Pu~~A~~dding mit Lychee-Augen

So geht's:

1 Zerkleinere die acht Vitamin B2-Tabletten in einem Mörser.

2 Gib Wasser, Zucker und das Götterspeisenpulver in einen Topf. Ebenso die zerstoßenen Tabletten. Erhitze die Mischung und fülle die Götterspeise in eine Schüssel.
a+b+c

Das brauchst du
- Packung Götterspeise in Gelb
- 500 ml Wasser
- 4 EL Zucker
- 8 Vitamin B2-Tabletten

Für die Dekoration
- Lychees aus der Dose, entsteint
- Weintrauben in Blau, gewaschen

Hilfsmittel
- Herd
- Mörser
- Schüssel
- Rührlöffel
- großen Teller
- Schwarzlichtlampe (UV-Licht)

Schwierigkeitsgrad
☒ ☐ ☐

3 Nimm entsteinte Lychees aus der Dose und drücke kleine gewaschene blaue Weintrauben in die Löcher, in denen die Steine waren. Fertig sind die Zombieaugen. **d**

4 Diese „Augen" wirfst du jetzt in die Götterspeise. Stelle den Zombiepudding fünf Stunden lang kalt. Dann ist der Nachtisch fertig und bestens geeignet für eine tolle Halloweenparty!

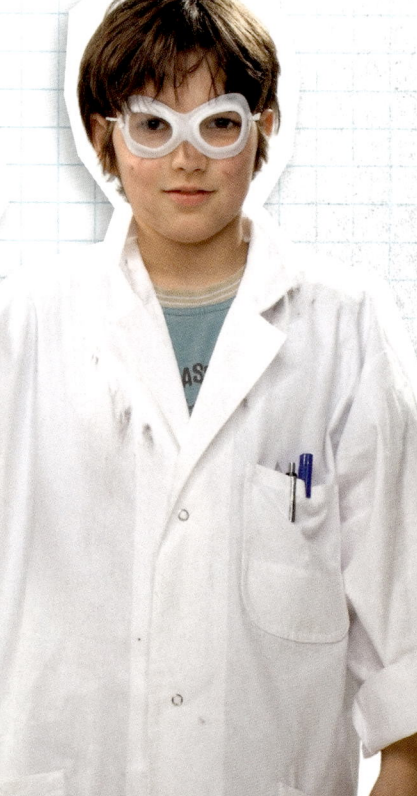

Gruselig!

Du willst eine ganze Leuchtparty veranstalten? Du kannst mit dem Riboflavin experimentieren und es in nahezu alle transparenten Lebensmittel einrühren. Apfelsaft oder Tee funktionieren prima!

3,2,1 forschen!

Weiter geht es, wenn es draußen dunkel ist: Nimm dir eine Schwarzlicht-Glühbirne. Dein **erwachsener Assistent** darf sie in eine Lampe schrauben. Knips die Lampe an und serviere den Gruselpudding.

Warum der Pudding so scheußlich glüht? Dafür ist das Vitamin B2 verantwortlich. Man nennt es auch **Riboflavin**. Keine Sorge, es ist nicht giftig!

Riboflavin ist absolut ungiftig und kann UV-Licht speichern. Ist es gesättigt, leuchtet es. Das nennt man **„fluoreszieren"**. In der Natur kommt das Wachstumsvitamin B2 in Milch und Broccoli vor. In den Herstellerangaben von Pudding & Co. entdeckst du es unter seinem Codenamen E101.

DAMPF, ZISCH, BLUBBER

VÖLLIG FALTIG

gefaltetes Ei

Mann, ich fühle mich ganz schön alt!

Das brauchst du
- 500 ml Essigessenz (25%)
- Glasgefäß
- Ei

Hilfsmittel
- Esslöffel
- Handtuch
- viel Sonne

Schwierigkeitsgrad

☒ ☐ ☐

So geht's:

1 Koche ein Hühnerei hart. Dazu gibst du es in einen Topf mit Wasser und stellst diesen auf den Herd. Lass dir von einem **erwachsenen Assistenten** helfen. Das Ei sollte 12 Minuten kochen. Nimm dann das Ei mithilfe eines Esslöffels aus dem Wasser und lass es abkühlen. **a**

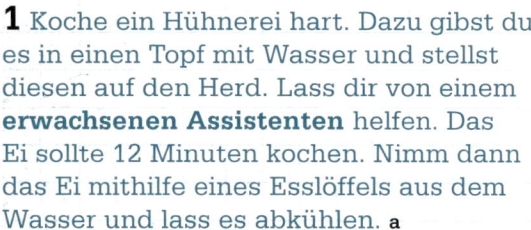

2 Du legst das Ei in ein Glas, das nur etwas größer ist als das Ei. Schütte Essigessenz in das Glas, sodass das Ei vollständig bedeckt ist. Nach etwa sechs Stunden entfernst du den Essig aus dem Glas und schüttest frischen Essig hinein.

3 Lass das Ei weitere sechs Stunden ziehen. Nur Geduld! Du kannst währenddessen beobachten, dass eine starke Bläschenbildung an der Eierschale stattfindet. Das ist die chemische Reaktion zwischen Essig und Schale. Wechsle noch einmal den Essig. Nach 48 Stunden Essigbad kannst du das Ei nun aus dem Gefäß nehmen und mit einem Handtuch abtrocknen. **b**

4 Lege das Zauber-Ei in die pralle Sonne und warte ein paar Stunden. Das Ei wird auf wundersame Weise anfangen zusammenzuschrumpeln. Je länger du das Ei im Essig gelagert hast, desto schrumpeliger wird jetzt die Schale.

Tierschutztechnisch

Woher dein Ei stammt, erkennst du auf dem kleinen Stempel der sich auf dem Ei befindet. 3 steht für Käfighaltung, 2 für Bodenhaltung, 1 für Freilandhaltung und 0 für Biohaltung. Das „DE" davor steht für Eier aus Deutschland.

3,2,1 forschen!

Die schützende Eierschale wird stark von dem Essig angegriffen, weil sich der Essig mit dem Calziumcarbonat der Eierschale verbindet und diese auflöst. Dabei entstehen Bläschen, die aus Kohlenstoffdioxid bestehen, das aus der Kalkschale freigesetzt wird. Diese Bläschen steigen nach oben und vermischen sich mit der Luft. Die Sonne entzieht dem Ei die Flüssigkeit, die früher harte Schale lässt das Wasser aus dem Ei entweichen sodass es völlig ausdörrt. Übrig bleibt ein Schrumpel-Ei!

CUMULUS UND CIRRUS

Wolken machen

So geht's:

1 Mach ganz viele Eiswürfel. Praktisch sind die Eiswürfeltüten, die man mit Wasser füllen und einfrieren kann. Nach einigen Stunden sind deine Eiswürfel fertig.

2 Stelle dir einen Topf auf den Herd und fülle ihn halbvoll mit Wasser. Wenn das Wasser kocht, nimmst du dir dein Sieb und füllst Eiswürfel hinein. Halte nun mit Topflappen den Stiel des Siebes fest und halte das Sieb mit den Eiswürfeln ganz dicht über den Topf: Eine Wolke steigt auf! a+b+c

Das brauchst du
- Sieb mit Griff
- Topf
- Wasser
- Eiswürfelbehälter

Hilfsmittel
- Herd
- Topflappen
- Frostfach

Schwierigkeitsgrad
☒ ☐ ☐

Informativ

Indianer haben schon früh mit Rauchzeichen Botschaften über weite Strecken übermittelt. Du kannst das auch mit Dampf: Zwei Wolken heißen „ja", eine Wolke „nein". Im Winter funktioniert das natürlich auch mit Schnee anstelle der Eiswürfel!

3,2,1 forschen!

In dem Moment, in dem die kalten Eiswürfel und das kochendheiße Wasser aufeinander treffen, entsteht eine **Dampfwolke**. Die Temperaturen brauchen einen kurzen Augenblick, um sich anzugleichen. Solange siehst du die Wolke. Haben sich die Temperaturen gemischt, ist die Wolke verschwunden. So funktionieren auch echte Wolken:

Wenn Wasser sich erwärmt, verdunstet es. Die warme Luft mit dem Wasserdunst steigt nach oben. Dort trifft sie auf kalte Luft. Der Wasserdunst wird wieder zu Wassertröpfchen, die sich an kleine Staubpartikel heften: Eine Wolke wird sichtbar. Gibt es mehr Wassertröpfchen als Partikel, regnet es.

NEBELBALL

Trockeneiskugel

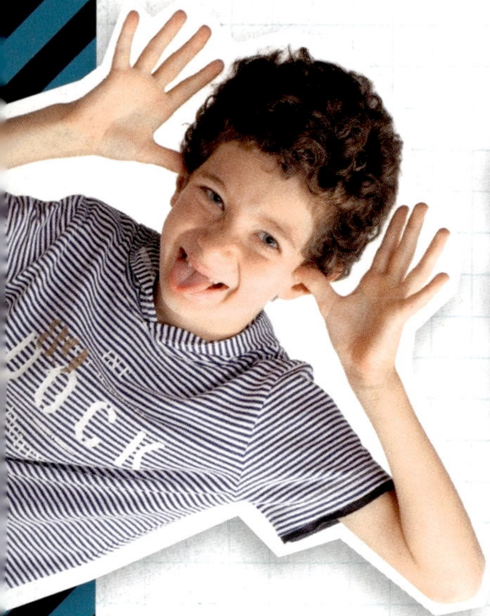

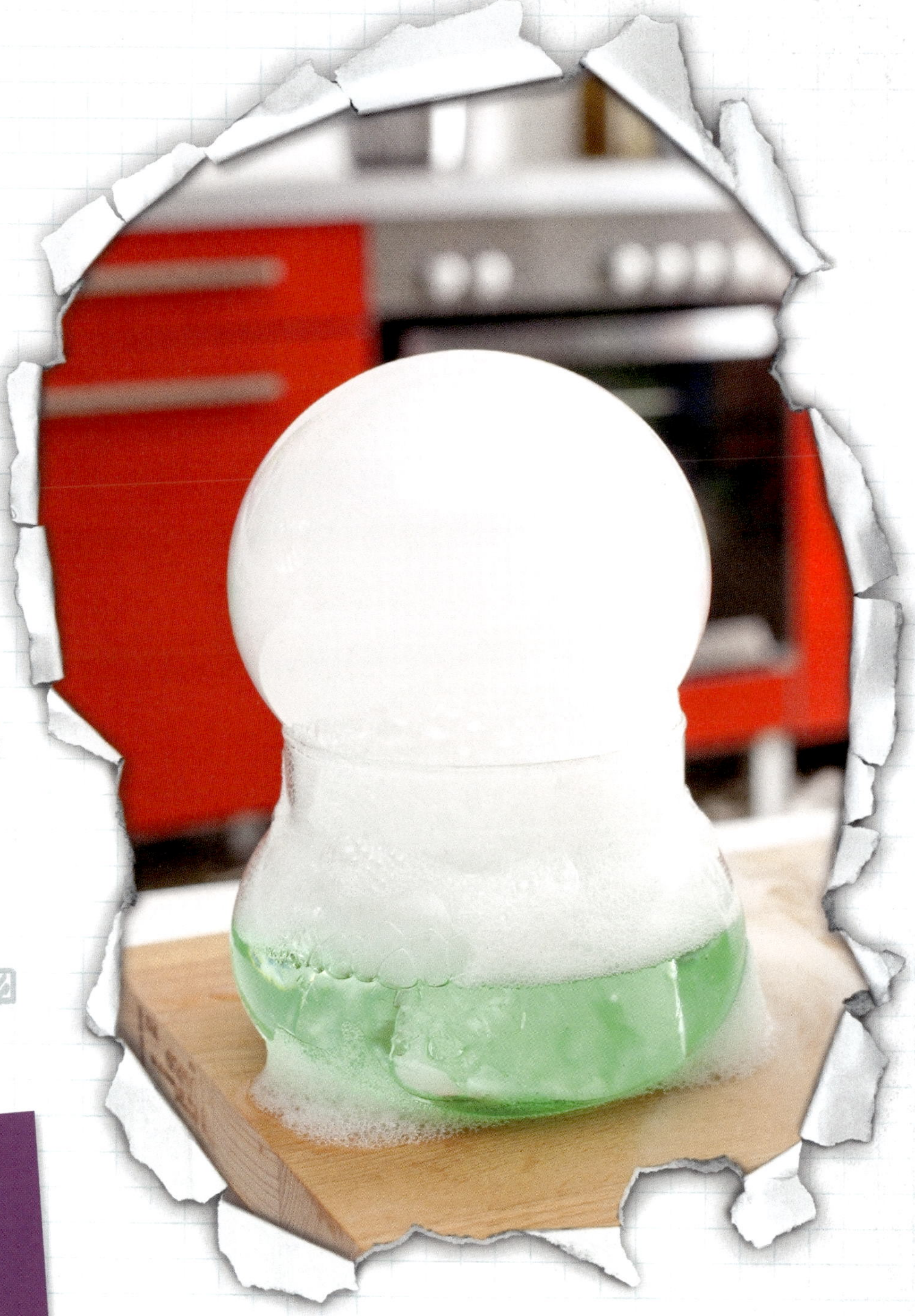

Das brauchst du

- 200 ml Wasser
- 20 g Trockeneis
- Schale (mit abgesetztem Rand)
- 100 ml Seifenblasenmischung

Hilfsmittel

- Arbeitshandschuhe
- Zange

Schwierigkeitsgrad

☒☐☐

Echt außerirdisch!

Die Polkappen des Mars bestehen aus Trockeneis. Auf der Erde muss es künstlich erzeugt werden.

So geht's:

1 Sicherheitsstufe ROT: Du benötigst Arbeitshandschuhe, eine Zange und einen **erwachsenen Assistenten**.

2 Füllt gemeinsam das Trockeneis in eine Schale, die oben einen etwas abgesetzten Rand hat. Benutzt dazu eine Zange.

3 Schütte nun etwas Wasser hinzu. Die Mischung beginnt zu dampfen und sieht aus wie ein Hexenkessel. **a+b+c**

4 Schütte nun die Seifenblasenmischung hinzu und beschmiere damit auch gründlich den Schüsselrand. Es wächst eine gigantische Riesenblase aus der Schüssel! **d**

3,2,1 forschen!

Trockeneis ist Kohlenstoffdioxid in seiner reinsten Form und -78 °C kalt. Bei Temperaturen über -56.4 °C verändert Trockeneis seinen Aggregatzustand von fest zu gasförmig ohne zwischendurch flüssig zu werden. Diesen Vorgang nennt man **Sublimation**. Wenn das Trockeneis mit Wasser in Berührung kommt wird der Sublimationsprozess ausgelöst und Nebelsschwaden entstehen. Dieser Nebel füllt die Trockeneisblase solange bis der Druck zu groß wird und diese platzt. Je wärmer das Seifenwasser ist, um so heftiger ist die Schaumbildung!

BLUBBERBLASE

haltbare Seifenblase

So geht's:

1 Nimm dir ein großes Einweckglas und fülle 15 ml Spülmittel hinein. **a**

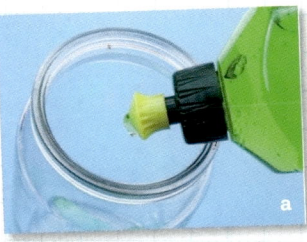

Megaalt

Wusstest du, dass die älteste Seifenblase 340 Tage gehalten hat? Erstaunlich, nicht? Versuche, mit diesem Experiment den Rekord zu brechen!

2 Danach gibst du 50 ml Wasser dazu. **b**

3 Zum Schluss noch 1,5 Teelöffel Glycerin hinzu schütten und gut umrühren! **c**

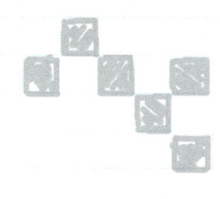

4 Nimm dir nun eine runde Glasscherbe und lege sie vorsichtig mit in das Glas. Die Scherbe sollte zur Hälfte mit Seifenblasenflüssigkeit bedeckt sein. Wenn zuviel in deinem Gefäß ist, schütte etwas Flüssigkeit ab.

5 Stecke das eine Ende deines Trinkhalms so in das Glas, dass das Trinkhalm mittig auf der Scherbe sitzt. Nun langsam eine Seifenblase aufpusten. Wenn du soweit mit deiner Seifenblase zufrieden bist kannst du das Glas beiseite stellen und an einem Kalender die Tage zählen die sie überlebt.

Expertentipp: Die Lebensdauer deiner Seifenblase kannst du erheblich verlängern, wenn du das Glas verschließt und sie so vor dem Verdunsten bewahrst!

Das Glycerin kannst du in der Apotheke kaufen.

Weltrekord im Nichtplatzen!!

3, 2, 1 forschen!

Deine Seifenblase ist ein sehr dünner Film aus Seifenblasenflüssigkeit, der eine hohle Kugel mit schillernder Oberfläche formt. Dies gelingt der Seifenblase durch die spezifischen Kräfte der **Oberflächenspannung** des Seifenwassers, also der gegenseitigen Anziehungskräfte der Seifenmoleküle. Eine Blase aus purem Wasser würde schnell zerplatzen, da die Oberflächenspannung von Wasser sehr groß ist. Das Spülmittel reduziert diese Oberflächenspannung und sorgt dafür, dass deine Seifenblase sich zu einer schönen Kugel formen kann. Glycerin stabilisiert die Seifenblase zusätzlich.

ALIENSCHLEIM

CO₂-Reaktion

So geht's:

1 Höhle die große Styropor®kugel mit einem Löffel aus, bis das Loch groß genug für das Reagenzglas ist. Ummantle alle Kugeln vollständig mit Alufolie.

2 Nun fertigst du die Alientakel an: Dazu Draht großzügig mit Alufolie einschlagen (oben etwas frei lassen). Dann einen Stift nehmen und den Draht in Spiralen darum wickeln. Die Tentakel in die große Styropor®kugel stecken. **a+b**

3 Als Hals einen 30 cm langen Draht mit Alufolie umwickeln und in die Kugel stecken. Ans obere Ende die kleinere Styropor®kugel stecken.

4 Das pinke Auge des Zyklopen-Aliens faltest du entsprechend der Skizzen auf der Vorlagenseite. Klebe es auf die Kugel und hinein die kleinste Styropor®kugel. Stich eine schwarze Reißzwecke als Pupille hinein.

5 Fülle das Reagenzglas fast zur Hälfte mit Wasser. Wenn du bunten Schaum möchtest, tropfst du Lebensmittelfarbe ins Wasser. Schütte nun Essigessenz dazu, sodass das Röhrchen dreiviertel voll ist. Nun drei Tropfen Spülmittel dazu. Schütte ein wenig Backpulver in das Reagenzglas. Die Mischung beginnt wie von Zauberhand zu sprudeln – es schäumt aus dem Glas heraus. **c+d+e**

Das brauchst du
- Reagenzglas, ø 2 cm, 18 cm lang
- Essigessenz (25 %)
- Wasser
- 3 Tropfen Spülmittel
- Päckchen Backpulver
- ggf. Lebensmittelfarbe in Grün oder Blau

Für den Alien
- Rolle Alufolie
- Styropor®kugel, ø 10 cm
- Styropor®kugel, ø 4,5 cm
- Styropor®kugel, ø 2 cm
- Draht, ø 2 mm, 10 m lang
- Reißzwecke in Schwarz, ø 1 cm
- Tonpapier in Pink, 15 cm × 15 cm

Hilfsmittel
- UHU Alleskleber SUPER strong & safe
- Löffel
- Stift

Vorlage
Seite 130

Schwierigkeitsgrad
☒☒☒

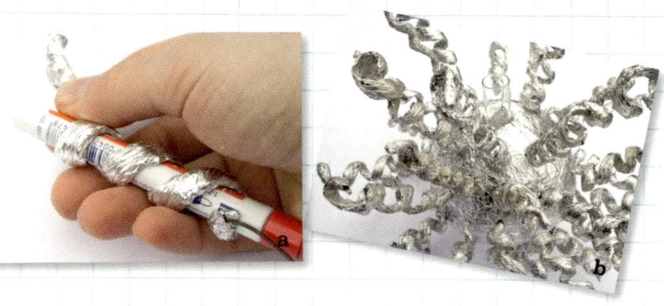

3, 2, 1 forschen!

Warum verspritzt das Alien seinen Killerschaum? Das Backpulver reagiert mit dem Essig. Es entstehen kleine Bläschen, die aus **Kohlendioxid** bestehen. Das Kohlendioxid-Gas muss sich ausbreiten. Durch das Spülmittel entsteht Schaum und dieser wird durch den Druck nach oben durch die Öffnung im Reagenzglas hinausgedrückt. Anstelle des Essigs kannst du auch Zitronensaft nehmen.

SAUER POWER

Zitronenbatterie

Das brauchst du
- MDF Platte, 50 cm x 50 cm
- Lampenfassung (Brückenfassung isoliert, Schraubanschluss E10)
- Glühbirne E10
- 3 Kabel, ø 5 mm, 7 cm lang
- 2 Kabel ø 5 mm, 20 cm lang
- 4–20 Zitronen
- 4 Kupfernägel, 3 cm lang
- 4 Zinknägel, 3 cm lang
- 2 Schrauben, ø 2 mm

Für die Verzierung
- Acrylfarbe in Sand, Graphit, Weiß, Grün, Gelb und Ziegelrot
- Umverpackung von Teebeuteln

Hilfsmittel
- Abisolierzange
- Schaumstoffrolle
- Pinsel
- Schraubenzieher
- Klebeband
- Cutter und Schneideunterlage

Schwierigkeitsgrad
☒☒☒

So geht's:

1 Gestalte eine Straßenszene auf deiner MDF-Platte. Male sie mit den Acrylfarben an. Lass die Farben trocknen. **a+b+c**

2 Aus einem kleinen Pappkarton kannst du dir für dein Lämpchen eine Straßenbahn (oder ein Haus) basteln. Male den Karton an und schneide Fenster hinein. Mit einem Loch im Boden kannst du ihn später über die Lampe stülpen. **d**

3 Die Elektrobastelei machst du am besten gemeinsam mit deinem **erwachsenen Assistenten**: Bei allen Kabel entfernst du mit der Abisolierzange an beiden Enden 1 cm der Isolierung. An ein Ende jedes Kabels drahtest du einen Zink- ans andere Ende einen Kupfernagel. **e**

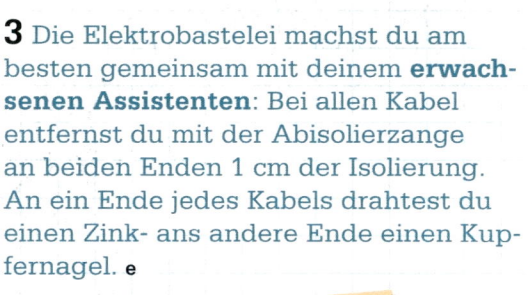

4 Stecke in jede Zitrone ein Zinknagel und einen Kupfernagel, sodass sich die Nägel nicht berühren. Je mehr Zitronen du in Reihe schaltest, umso mehr Strom wird erzeugt (20 Zitronen sind prima!).

5 Fixiere dein Lämpchen mit zwei Schrauben links und rechts auf der MDF-Platte. Die zwei langen Kabel drehst du mit einem Schraubenzieher an der Glühbirnenfassung fest: Du schiebst die abisolierten Kabelstücken unter die Schraubenlaschen und drehst die Schrauben darauf fest, damit deine Kabel sitzen. In der Straßenbahn geht das Licht an! **f+g**

Achtung! In der Zitrone finden verschiedene chemische Reaktionen statt, deshalb solltest du sie nach dem Experiment auf keinen Fall mehr essen!!!

Zitronenlose Alternative

Du kannst die Zitronen auch durch eine Flachbatterie mit Laschen (1,5 V-4,5 V) ersetzen, dann benötigst du lediglich zwei 25 cm lange Kupferkabel mit Isolierung und zwei Krokodilklemmen. Befestige die Kabel am Lämpchen und die Kabelenden an den Krokodilklemmen. Wenn du die Klammern an die Batterie klemmst, leuchtet dein Lämpchen! Expertenversuch: Du kannst noch ein weiteres Kabel zwischen Batterie und Lampe schalten. Die Lücke zwischen den Krokodilklemmen kannst du mit verschiedenen Materialen schließen, um herauszufinden, ob diese leiten. Eine Büroklammer leitet, die Lampe leuchtet also, ein Radiergummi leitet nicht. **h+i+j**

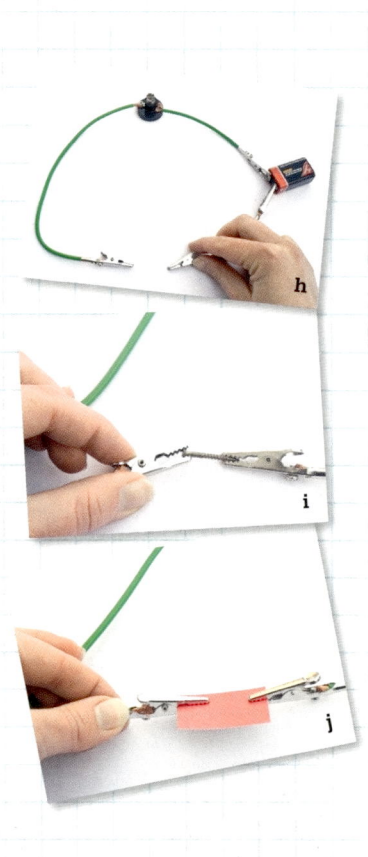

108

3,2,1 forschen!

Kupfer und Zink sind unterschiedlich geladen. Zink ist negativ geladen und Kupfer positiv. Diese Teilchenladung, die entweder aus zu vielen positiven oder zu vielen negativen Ionen besteht, möchte die Natur ausgleichen. Weil die Zitronensäure leitet, können die Ionen hin und her transportiert werden und dabei ihre Ladung austauschen. Dabei oxidiert das Zink. Solange die Elemente ihre Ladungen ausgleichen gibt es Spannung in deiner Zitrone und der Strom fließt. Verrückt oder? Genauso funktionieren auch ganz normale Batterien, in denen eine **Ladung** (die des sogenannten galvanischen Elements) ausgeglichen wird und ein **Elektrolyt**, also eine Flüssigkeit, die Ladung transportiert.

DAS KNALLT!

LUFTDRUCKKANONE

Air Cannon

So geht's:

1 Dieses Modell hat gleich zwei Funktionen: Einmal kann man es als Trommel benutzen andererseits als Luftkanone, zum Wegpusten von Objekten. Für eine coole Air Cannon lässt du dir von einem **erwachsenen Assistenten** ein 11 cm Loch in einen kleinen Plastikeimer schneiden.

2 Zeichne mithilfe eines Zirkels auf den Bastelkarton mit Giraffenmuster einen Kreis von 14,5 cm und einen 12 cm Kreis auf Leopardenkarton. Schneide beide aus und klebe sie aufeinander. **a**

a

3 Spanne die Gummilitze um den oberen Bereich des Eimers. Nun schneidest du die Plastiktüte zu einem Kreis von 45 cm Durchmesser, ziehst diesen straff über die Eimeroberseite und steckst ihn rundherum unter die Gummilitze. **b**

4 Als Verzierung bringst du eine Filzschnur über der Litze an. An den Enden befestigst du drei Federn. **c**

5 Klebe mit Alleskleber das apfelgrüne Dekoband an den Eimer. Danach stanzt du dir 30 Seesterne aus den Motivkartonresten und klebst sie auf.

Das brauchst du
- Plastikeimer, ø 23 cm, 20 cm hoch
- Plastikbeutel
- Gummilitze, 70 cm lang

Für die Dekoration
- Filzschnur, 1,40 m lang
- Bastelkartonkreis „Giraffe", ø 14,5 cm
- Bastelkartonkreis „Leopard", ø 11 cm
- Band in Apfelgrün, 1 cm × 65 cm

- 3 Federn in Rot, Hell- und Dunkelgrün
- Motivstanzer „Seestern", ø 1 cm
- Motivkartonrest

Hilfsmittel
- UHU Alleskleber SUPER strong & safe
- Schere
- Cutter
- Zirkel

Schwierigkeitsgrad
☒ ☐ ☐

b

c

3, 2, 1 forschen!

Wenn du den Luftstrom sichtbar machen möchtest, füllst du deine Kanone mit Räucherstäbchenrauch. Beim Austritt der Luft aus der Trommel wird ein rotierender **Luftwirbel** erzeugt. Der Rauch wird dann an der Kante abgebremst und von der Luft in der Mitte überholt. Dadurch bildet sich am Rand des kleinen Loches ein Kringel. Dieser wird beim Austritt der Luft aus der Kanone sichtbar.

Das knallt!

Der Drucklufttacker, die Rohrpost und das Luftgewehr funktionieren mit Druckluft: Ein kleiner Gegenstand wird mithilfe von Pressluft beschleunigt. Fahrrad- und Autoreifen kann man an der Tankstelle mit Druckluft befüllen. Aber auch das Ausblasen von Tauchtanks in U-Booten oder LKW-Bremsen funktionieren über Druckluft.

HERZKLOPFEN

Stethoskop

Das brauchst du
- Trichter, ø 5 cm
- Trichter, ø 7 cm
- Gartenschlauch, 50 cm lang
- Gewebeklebeband in Silber, 5 cm × 60 cm

Für die Dekoration
- Dekotape in Rot-Weiß gepunktet, 15 mm × 2 m
- 10 Halbperlen in Creme, ø 5 mm
- 10 Halbperlen in Creme, ø 3 mm
- 4 Filzblumen in Grün und Blau, ø 3 cm in Grün
- Dekoband in Natur, 2 cm × 12 cm

Hilfsmittel
- Cutter
- Heißklebepistole

Schwierigkeitsgrad

☒ ☐ ☐

Auch sehr nützlich zum Safe knacken!

Hä?

Das Stethoskop (Hörrohr) wurde 1816 in Frankreich erfunden. Du kannst damit hören, wie das Herz als Verdrängungspumpe Blut durch Venen und Arterien jagt. Das rauscht ganz schön: Kinder haben ca. vier Liter, Erwachsene bis zu sechs Liter Blut im Körper.

So geht's:

1 Nimm dir zwei Trichter. Der eine Trichter sollte etwas kleiner sein als der andere.

2 Lass dir nun von deinem **erwachsenen Assistenten** den Gartenschlauch mit einem Cutter auf eine Länge von 50 cm zuschneiden. **a**

3 Stülpe das eine Ende des Gartenschlauchs über die Stutzen der Trichter und befestige sie mithilfe von Gewebeband. **b**

4 Beklebe den Rest des Gartenschlauchs mit Gewebeband und umwickele ihn mit Dekoband. Die Trichter beklebst du mithilfe von Heißkleber mit den Filzblumen. An den Übergängen zwischen Trichter und Gartenschlauch das Dekoband in Natur ankleben. Abschließend noch die Halbperlen auf den Trichtern verteilen. **c**

5 Suche dir einen „Patienten" und halte den größeren Trichter an dessen Brust. Den kleineren Trichter hältst du an dein Ohr. Du hörst seinen Herzschlag.

3, 2, 1 forschen!

Dein Herz pumpt dein Blut durch deinen Körper. Es liegt im Brustkorb über dem Zwerchfell und zwischen den beiden Lungenflügeln. Der Trichter fängt die Schallwellen, die deine Pumpe erzeugt auf und der Schlauch transportiert sie zum zweiten Trichter. So kannst du das **Herzklopfen** hören. Du kannst auch dein eigenes Herzklopfen belauschen, indem du das Stethoskop an deine eigene linke Brusthälfte hältst.

Nur Zombis haben keinen Herzschlag!

ENTE GUT, ALLES GUT!

Ententröte

So geht's:

1 Schneide einen Trinkhalm am oberen Ende so ab, dass eine Spitze entsteht. Die Spitze mit dem Finger flachdrücken. Kürze den Halm auf 8 cm.

2 Bohre ein Loch in der Größe des Trinkhalms in einen Korken. **a**

3 Stecke den Trinkhalm hindurch. **b**

4 Kürze eine Papprolle auf 9 cm. Die Rolle verzierst du mit einem Federkleid: Die Federn bringst du auf ein langes Stück Gewebeband auf und klebst dieses dann mithilfe von doppelseitigem Klebeband an die Papprolle. **c**

5 Danach schneidest du die Federkiele ab, die über die Rolle stehen. Stecke den Korken mit dem Trinkhalm auf die Papprolle. Schneide ein Stück Leder zu und klebe dieses ebenfalls mithilfe von doppelseitigem Klebeband auf das Ende der Rolle. **d**

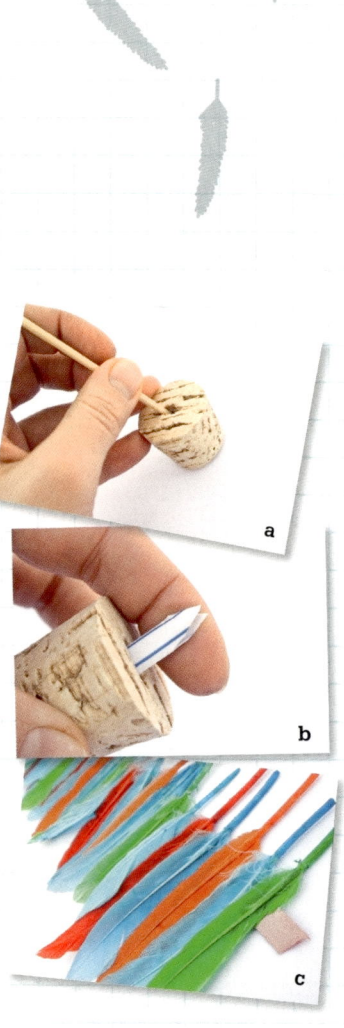

a

b

c

6 Setze das Dekoband auf das Leder und den Korken. Bläst du nun kräftig ins Rohr, ergeben sich Töne, die denen einer Ente ähneln. Locke am besten gleich einen ganzen Schwarm an! **e**

d

e

Niedlich

Hast du das gewusst? Entenküken piepsen schon drei Tage bevor sie schlüpfen in ihren Eiern!

3,2,1 forschen!

Jeder Ton basiert auf **Vibrationen**, also Schwingungen. Die Spitze, die du in den Trinkhalm geschnitten hast, bewirkt, dass die beiden spitzen Lappen stark vibrieren und gegeneinander schlagen, wenn du kräftig hineinbläst. Das erzeugt den lustigen Ententon.

Echt wild

Die europäische Wildente heißt „Stockente". Du kannst sie auf vielen städtischen Gewässern finden. Enten lieben Katzenfutter! Oder du lockst sie an, indem du ihre Quakrufe mit deiner Lockpfeife imitierst.

GEISTER-GEKREISCHE

Das brauchst du
- Mutter, ¼ inch
- Luftballon

Schwierigkeitsgrad
☒ ☐ ☐

schreiender Ballon

So geht's:

1 Bevor du den Ballon aufbläst befestigst du die Schraubenmutter im Ballonhals. **a**

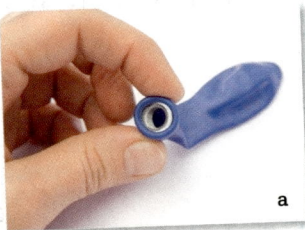

2 Blase den Ballon auf. Schiebe die Mutter nun in das Innere des Ballons. **b**

3 Verknote den Luftballon. Bewege ihn in kreisenden Bewegungen hin und her. Was für ein Kreischen! **c**

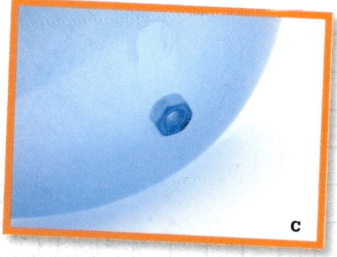

3,2,1 forschen!

Die eckige Mutter bewegt sich im Kreis herum, weil die **Fliehkraft** Druck auf sie ausübt und sie gegen die Ballonwand drückt. Die Mutter beginnt zu vibrieren. Dabei entsteht dieses fabelhafte Geräusch als würden Geister schreien. Die Schraubenmutter bleibt solange in Bewegung bis die Erdanziehungskraft stärker ist als die Fliehkraft. Dann fällt sie auf den Ballonboden und es herrscht wieder Stille.

DONNERROLLE

Lärminstrument

So geht's:

1 Beginne damit, dir einen Resonanzkörper zuzuschnei-den. Bitte einen **erwachsenen Assistenten**, eine Papprolle mit dem Cutter auf 30 cm zu kürzen. Schneide in die Mitte des Plastikdeckels, der zu der Pappröhre gehört einen klei-nen Schlitz. Stecke die Zugfe-der durch den Schlitz. **a**

a

2 Verziere die Röhre, indem du eine Seite mit doppelsei-tigem Klebeband versiehst und sie dann in dunkelblauen Bastelkarton einrollst. Schnei-de dir nach Vorlage ein paar Blitze aus gelbem Bastelkar-ton und klebe diese auf die blaue Fläche. **b+c**

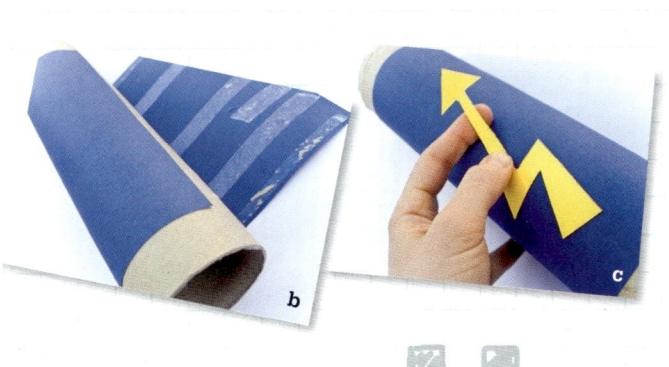

b   c

Weiter geht es auf der nächsten Seite ...

3 Schneide dir aus gelbem Bastelkarton zwei Streifen in 4 cm × 30 cm und klebe diese mithilfe von doppelseitigem Klebeband oben und unten an die Donnerrolle. Nun klebst du noch ein paar nachleuchtende Sterne auf, damit du dein Geräuschkonzert auch im Dunkeln effektvoll umsetzen kannst. **d**

4 Nun den Deckel wieder auf die Rolle stecken. Die andere Seite bleibt offen. Wenn du jetzt die Donnerrolle mit der Feder nach unten leicht kreisen lässt, hörst du schon die ersten interessanten Geräusche. Richtig verrückt wird es, wenn du die Donnerrolle in die eine Hand nimmst und mit der anderen an der Zugfeder ziehst, sodass sie ziemlich gespannt ist. Dann loslassen!

3, 2, 1 forschen!

Die Donnerolle ist ein Percussion-Instrument, das aus einem **Resonanzkörper** besteht. An der geschlossenen Seite befindet sich eine lange flexible Zugfeder die beim Schütteln oder Ziehen zu vibrieren beginnt. Die Vibration überträgt sich dann auf die Membran, also den Plastikdeckel, und erzeugt so den Ton. Dieser Ton wird durch den Resonanzkörper verstärkt.

Yeah, die Party kann losgehen!

VIVA LA VUVUZELA!

Crazy Trompete

So geht's:

1 Bau dir deine eigene Tröte! Halbiere die PET-Flasche. Die Seite mit dem Boden behältst du.

2 Schneide die Papprolle auf 28 cm Länge zu. Halte sie an den Flaschenboden. Mit einem Stift malst du dir den Durchmesser der Papprolle auf den Flaschenboden und schneidest ihn aus. Umwickle das Loch mit Isolierband.

3 Beklebe nun die Pappröhre mit Holografiefolie in Rot. Stecke die Pappröhre durch das ausgeschnittene Loch in die Flasche, sodass sie am hinteren Ende 10 cm übersteht. Umwickle Flaschenboden und Papprolle an der Eintrittstelle luftdicht mit viel Isolierband. **a+b+c**

a

b

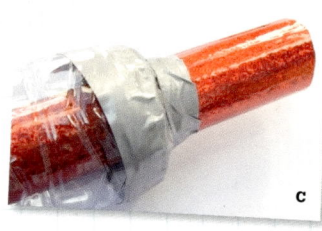

c

d

4 Nun über das Isolierband Dekotape kleben. Nimm die Frischhaltefolie und stülpe sie über die offene Seite der Papprolle und der Flasche. Fixiere die Frischhaltefolie luftdicht mit Isolierband. **d**

5 Umwickele nun die Flasche mit Kreppband. Als Akzent wickelst du auch hier Dekotape darum. Dann kannst du die Halbperlen und die Strasssteine auf die Tröte aufkleben.

6 Flechte dir aus den Lederbändern eine Kordel an der du die Wattekugeln, die Bohnen, den Holzstern und die Holzkugel befestigst und binde dein Zierband es um den vorderen Bereich der Tröte.

7 Stich mithilfe einer Schere ein Loch in die Flasche.

3, 2, 1 forschen!

Der Ton der Tröte wird ähnlich wie bei der Donnerrolle von Seite 119 mithilfe eines Resonanzkörpers erzeugt. Indem du durch das Loch kräftig hineinpustest erzeugst du eine Vibration, die sich auf die Frischhaltefolie überträgt und so als Ton hörbar wird. Je kräftiger du pustest desto lauter ist der Ton.

Begeistert

Sicher sind dir bei Fußballspielen schon einmal die südafrikanischen Fans aufgefallen, die auf ihren Blechtrompeten spielen. Diese Instrumente nennt man Vuvuzela. Tröten viele Vuvuzelas gemeinsam, klingt das wie ein Hornissenschwarm. Seit der Fußball-WM 2010 in Südafrika kennt man sie überall!

VORLAGEN

Alle Vorlagen müssen am Kopierer auf 200% vergrößert werden!

Derwischtanz
Seite 16

Karton

2×   Holz

Giraffen-gerangel
Seite 44

Mission Mississippi
Seite 50

2×

2×

Flinke Flosse
Seite 60

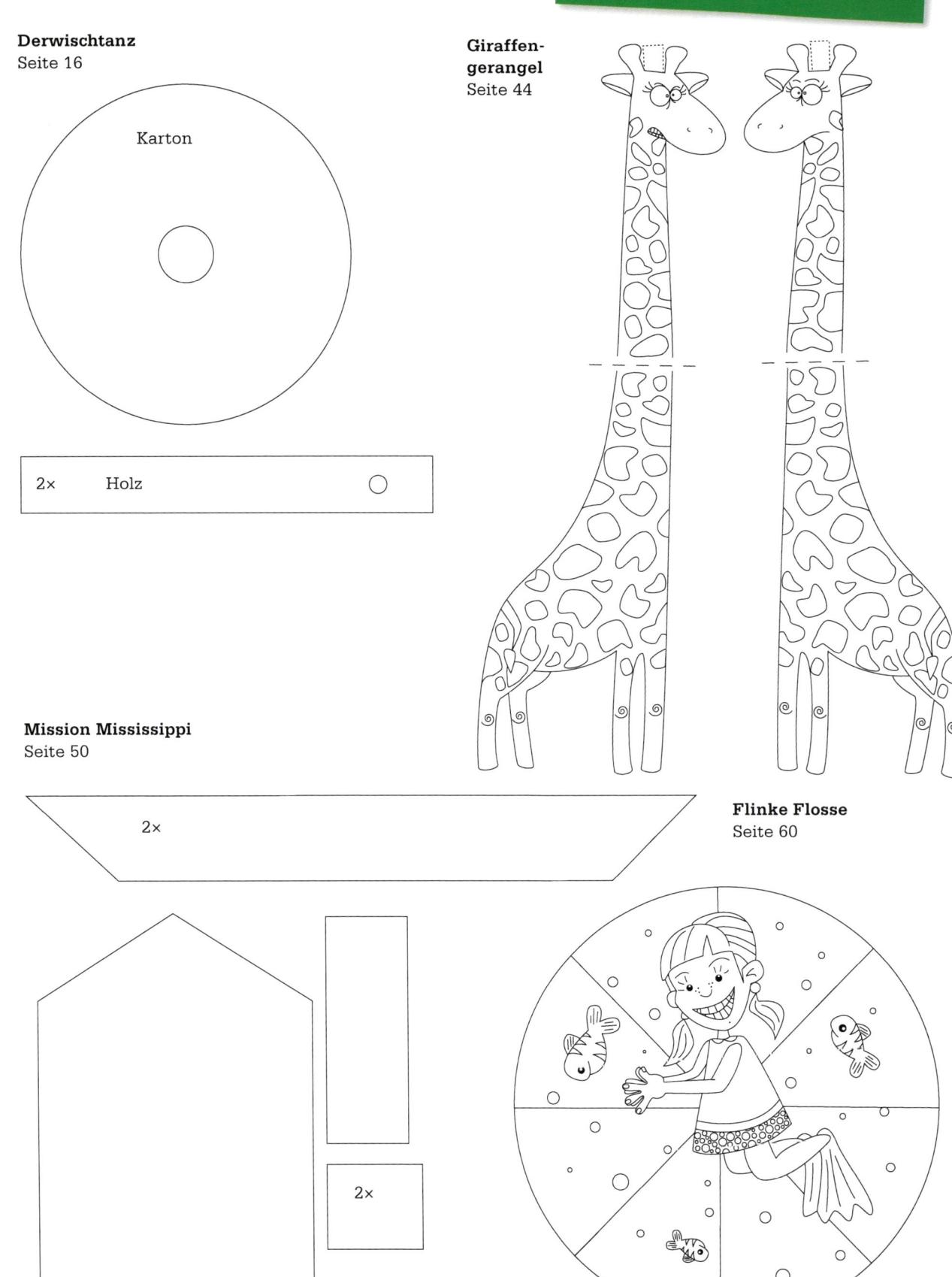

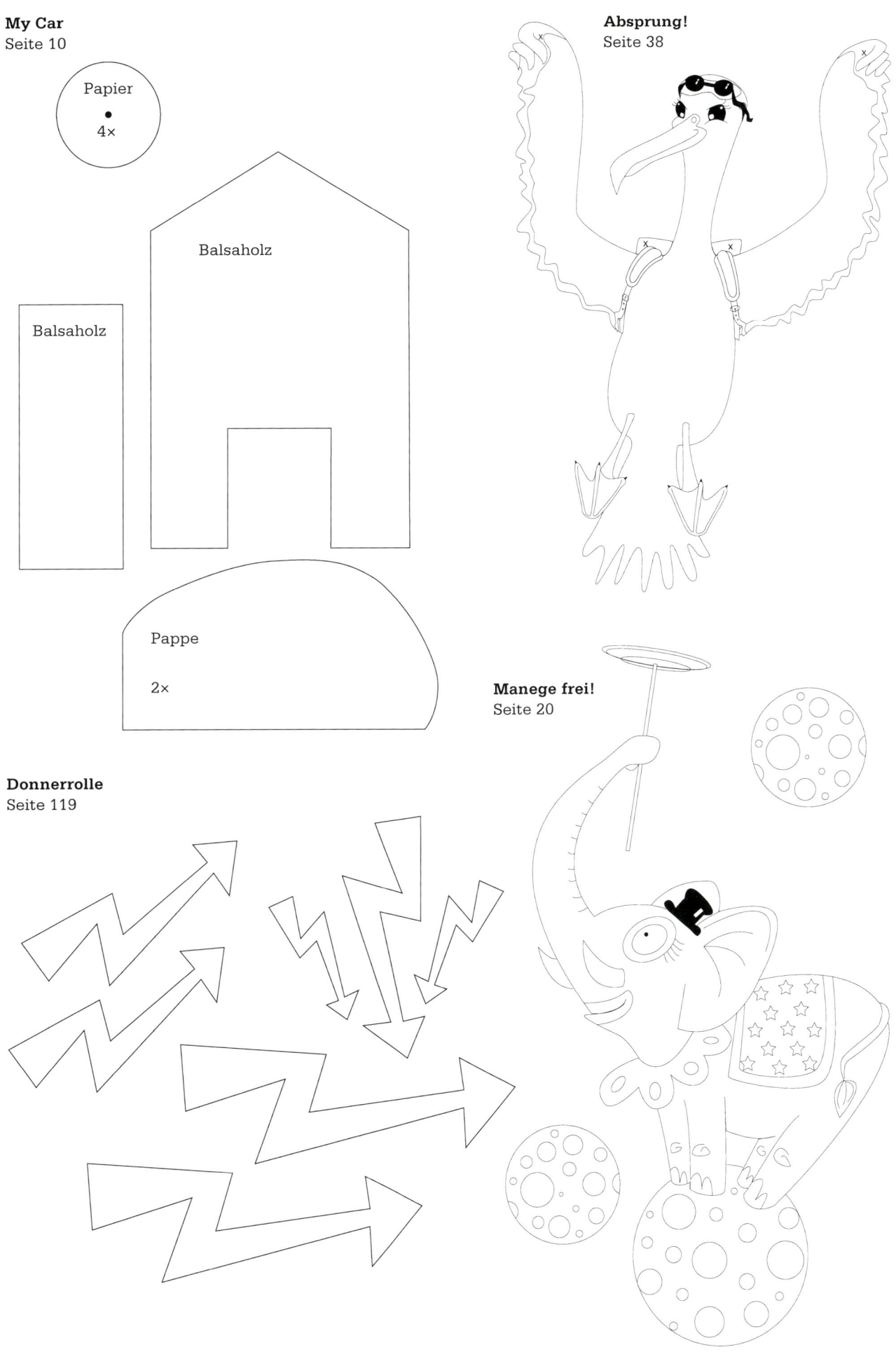

My Car
Seite 10

Papier

•

4×

Balsaholz

Balsaholz

Pappe

2×

Donnerrolle
Seite 119

Absprung!
Seite 38

Manege frei!
Seite 20

Der geht ab!
Seite 40

Dicke Luft
Seite 42

Spionagemonster
Seite 84

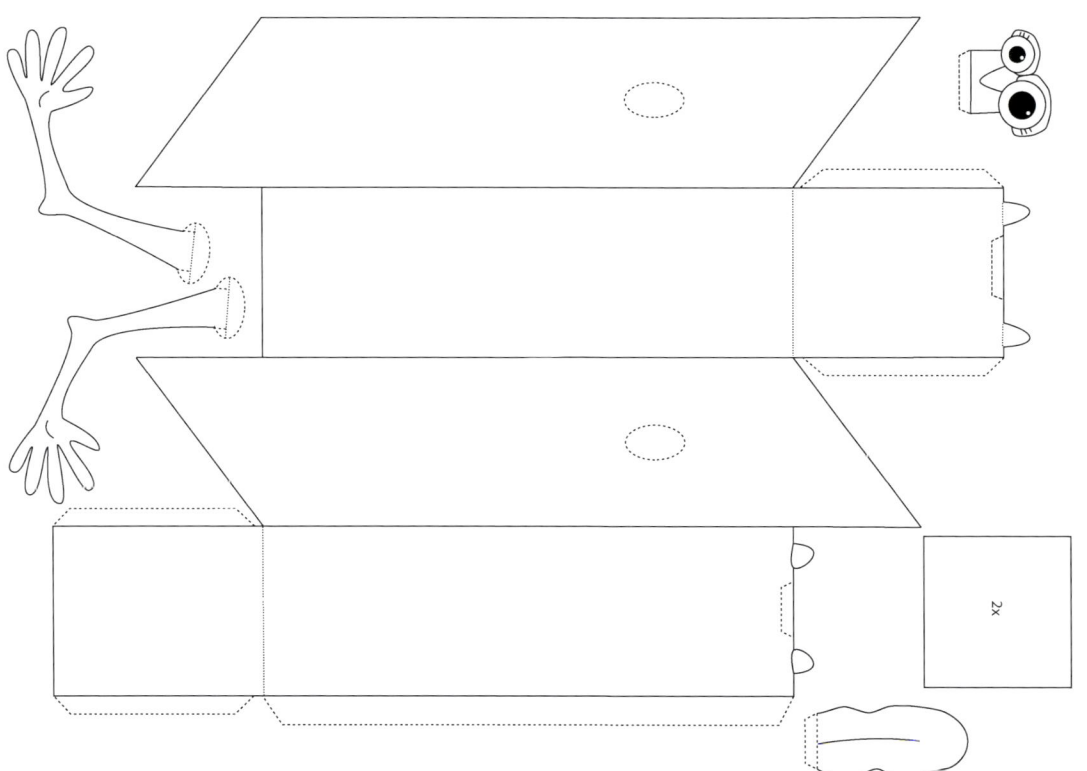

2x

Turbotriebwerk
Seite 32

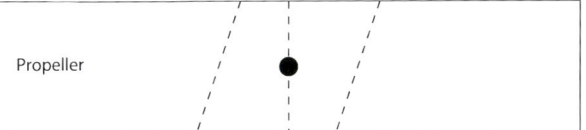

Propeller

Flugzeug

LEGENDE: ▲ Faltrichtung

● Punkt auf Punkt falten

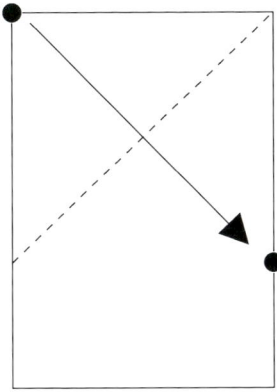

Schritt 1:

Die obere Ecke nach unten rechts Falten.

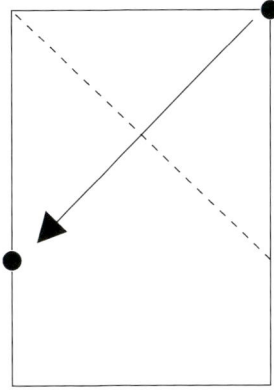

Schritt 2:

Die obere Ecke nach unten links Falten.

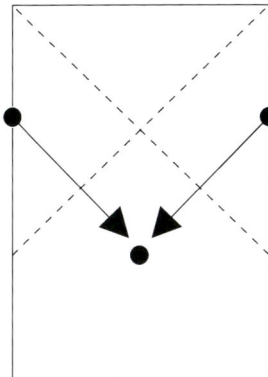

Schritt 3:

Die entstandenen Falze nutzen, um die rechte und linke Seite nach innen zur Mitte zu falten. Die obere Lage flachdrücken. Es entsteht oben eine Spitze.

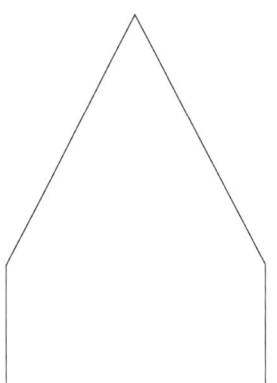

Ergebnis Schritt 3

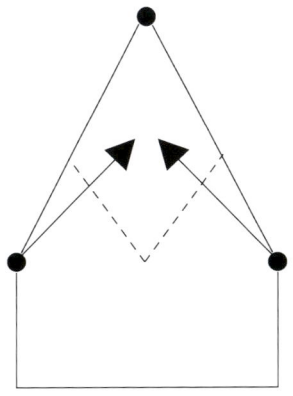

Schritt 4:

Die äußeren Spitzen der oberen Lage (des Dreiecksbereichs) zur oberen Mitte falten.

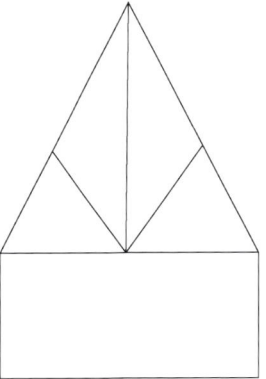

Ergebnis Schritt 4

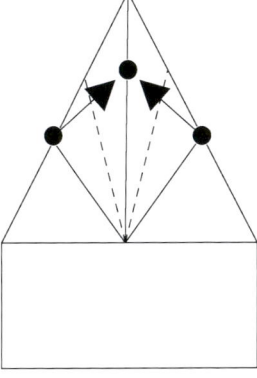

Schritt 5:

Die beiden äußeren Ecken der obersten Lage nun wie bei einem Drachen nach oben zur Mitte falten.

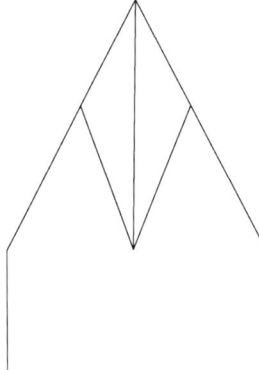

Ergebnis Schritt 5

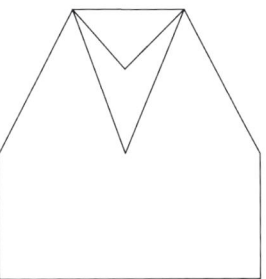

Schritt 6:

Falte die Spitze nach unten. Öffne die beiden Klappen und schiebe deren Spitzen in die soeben hinunter gefaltete Spitze. Wende das Flugzeug.

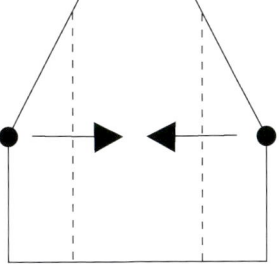

Schritt 7:

Falte die äußere rechte und die äußere linke Kante zur Mitte.

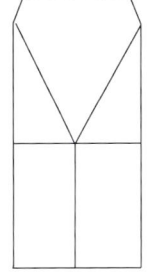

Ergebnis Schritt 7

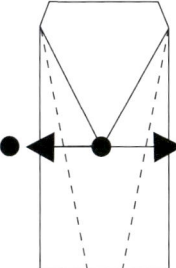

Schritt 8:

Falte die Klappen der rechten und der linken oberen Lage nach rechts bzw. links außen weg. Dein Flugzeug ist fertig!

Attacke!
Seite 48

Propellerpopanz
Seite 30

Killerechsenalarm!
Seite 22

4×

Feuerspucken
Seite 74

ABER
ACHTUNG
!!!
MIT MIR IST NICHT ZU
SPASSEN !!!

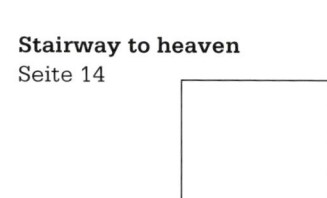

5×

Stairway to heaven
Seite 14

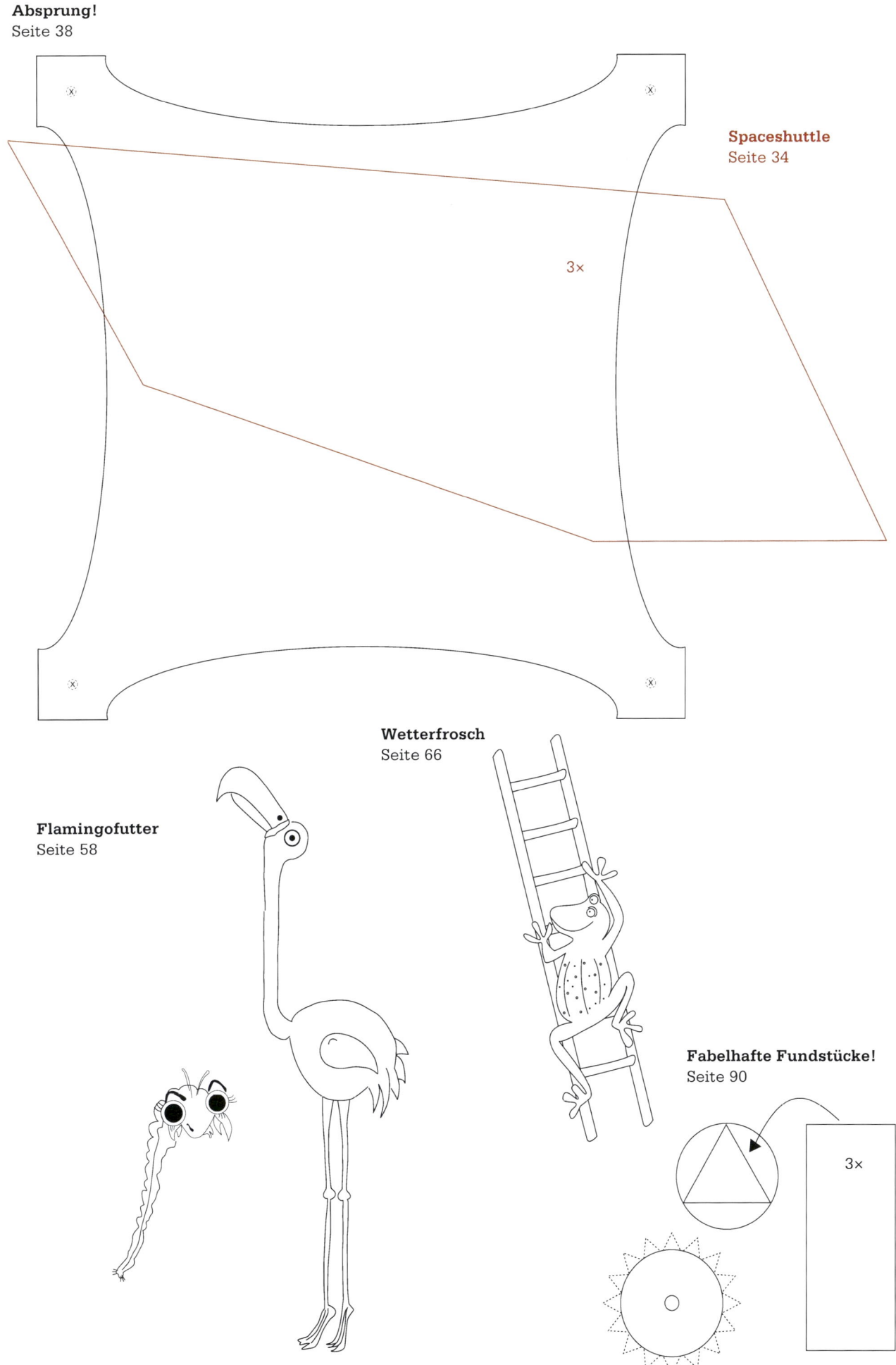

Absprung!
Seite 38

Spaceshuttle
Seite 34

3×

Wetterfrosch
Seite 66

Flamingofutter
Seite 58

Fabelhafte Fundstücke!
Seite 90

3×

Alienschleim
Seite 104

Alienauge

LEGENDE:

 Faltrichtung

● Punkt auf Punkt
falten

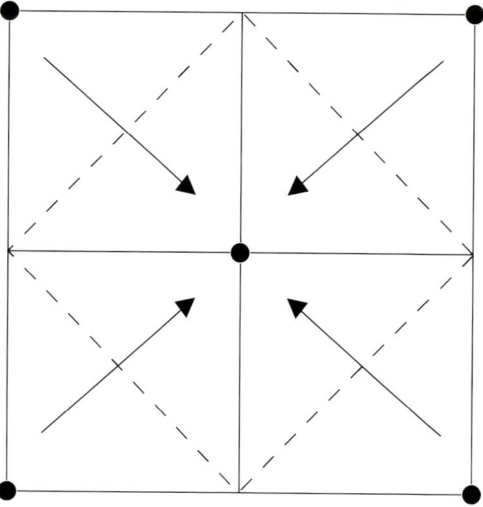

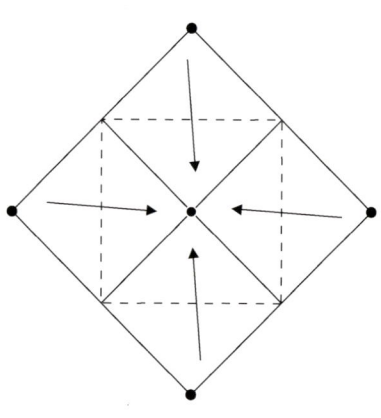

Schritt 1:

Falte alle vier Ecken zur
Mitte.

Schritt 2:

Falte abermals alle vier
Ecken zur Mitte.

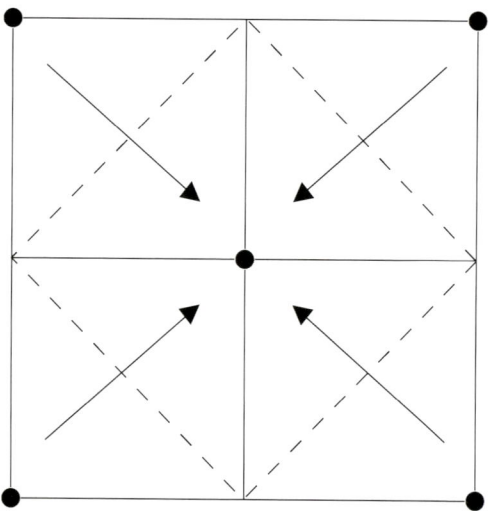

MODELL WENDEN!

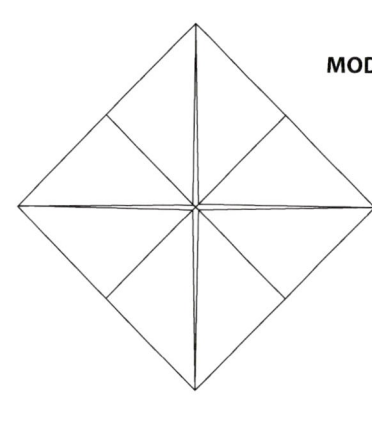

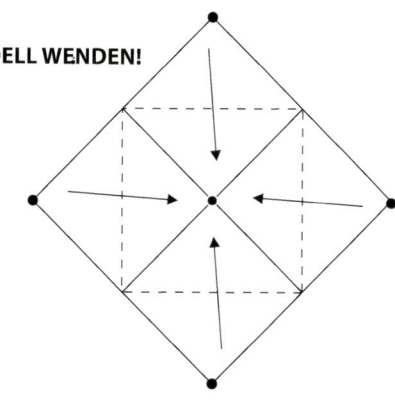

Schritt 3:

Falte noch einmal alle vier
Ecken zur Mitte.

Schritt 4:

Zeigt das Ergebnis von
Schritt 3.

Schritt 5:

Falte abermals alle vier
Ecken zur Mitte

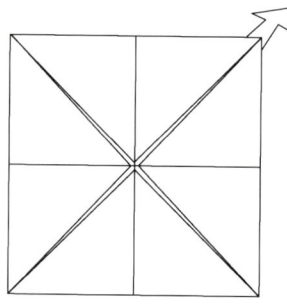

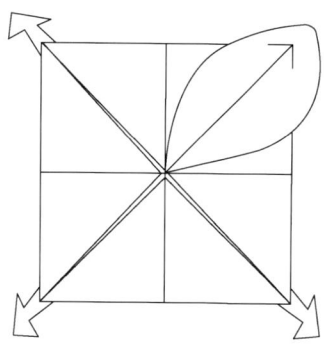

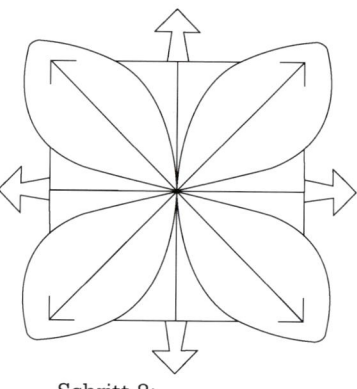

Schritt 6:

Bring nun die runden Ecken
nach vorn. Die Flügel müssen
dabei ein wenig geöffnet sein
damit das Papier beim Um-
schlagen nicht reißt.

Schritt 7:

Wiederhole Schritt sechs
an den übrigen 3 Ecken.

Schritt 8:

Hole weitere Ecken nach
vorn und lasse in der Mitte
der Blütenform eine freie
Fläche wo du später das
Auge hineinklebst.

BUCHTIPPS FÜR DICH:

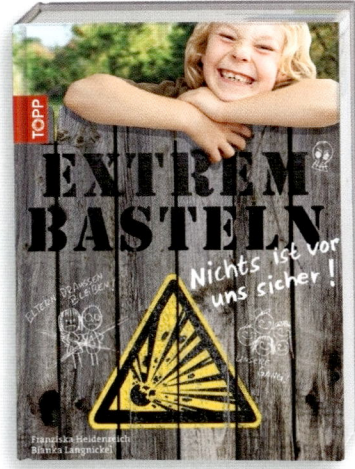

TOPP 5753
ISBN 978-3-7724-5753-1

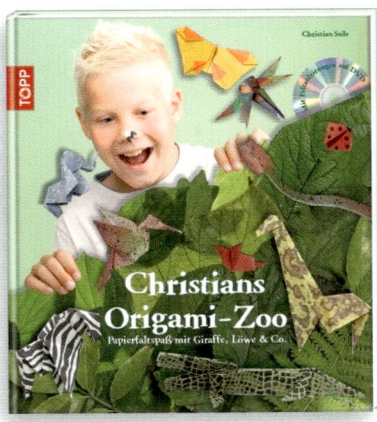

TOPP 5754
ISBN 978-3-7724-5754-8

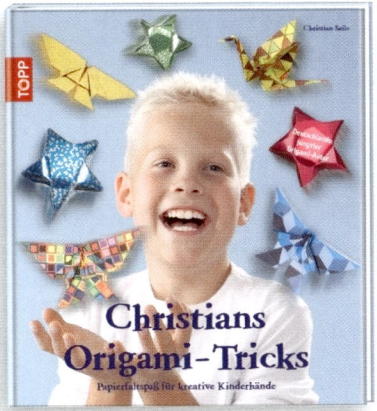

TOPP 5740
ISBN 978-3-7724-5740-1

TOPP 5760
ISBN 978-3-7724-5760-9

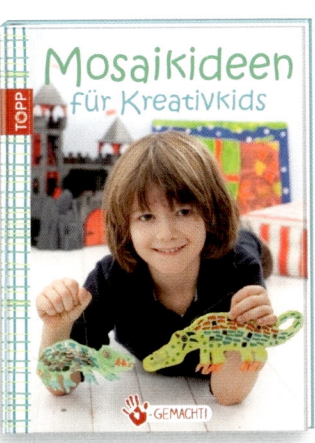

TOPP 5761
ISBN 978-3-7724-5761-6

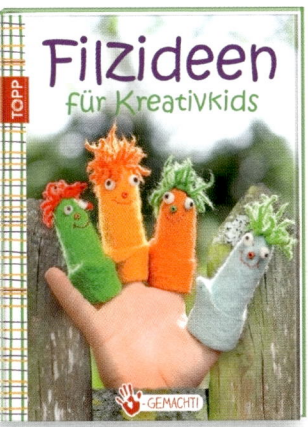

TOPP 5765
ISBN 978-3-7724-5765-4

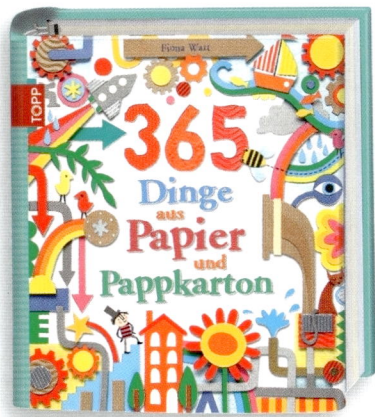

TOPP 5758
ISBN 978-3-7724-5758-6

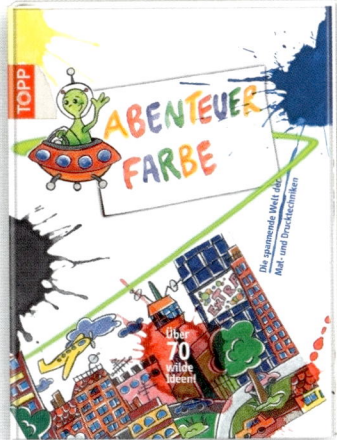

TOPP 5755
ISBN 978-3-7724-5755-5

TOPP 3978
ISBN 978-3-7724-3978-0

Hier findest du noch mehr Informationen zu unserem Programm:

www.topp-kreativ.de

IMPRESSUM

Franziska Heidenreich ist ausgebildete Medien-
gestalterin und Diplom Kommunikationspsychologin.
Sie lebt mit ihrem Freund und dem gemeinsamen
Sohn in Berlin.

Bianka Langnickel ist ausgebildete Grafik-Designerin
und hat an der Bauhaus-Universität Weimar Medien-
gestaltung/Medienkunst als Master studiert. Einen
Ausgleich zum Digitalen findet sie im handwerklichen
Verarbeiten unterschiedlichster Materialien und als
freischaffende Fotografin.

Mehr zu den beiden unter:
www.zwei-eck.com und
www.dawanda.com/shop/Zweieck

Danke!
Die Redaktion und die Autorinnen bedanken sich
bei den Models: Luis, Nikola, Katharina, Leo, Finn,
Julius, Jakob, Emilia, Pauline, Arman, Tom, Felix,
Klara, Nils, Simon, Jonas, Moritz, Lucas, Philipp,
Franziska, Alexander, Tim, Christian und Louis.

Die Kleidung der Models auf Seite 7, 55, 56/57, 77,
79, 93 und 107–109 wurde von Bill & Em, Veteran-
straße 17, 10119 Berlin bereitgestellt.

Für die freundliche Bereitstellung von Material
bedanken sich die Autorinnen bei Rayher (Lau-
pheim), Buttinette (Wertingen), Heyda (Heil-
bronn), UHU (Bühl) und Marabu (Tamm).
Unser Dank geht außerdem an Herrn Seeba von
www.tippsundtricks24.de für die tolle Propeller-
flugzeugidee.

Hilfestellungen zu allen Fragen,
die Materialien und Bastelbücher
betreffen: Frau Erika Noll berät Sie.
Rufen Sie an: 05052/911858*

*normale Telefongebühren

Konzeption, Projektmanagement und Lektorat: Anja Detzel
Layoutentwicklung: Anita Ortega, Karina Moschke, Stuttgart und Sophia Höpfner
Illustrationen: Anita Ortega, Stuttgart
Layoutumsetzung: Sophia Höpfner
Fotos: frechverlag GmbH, 70499 Stuttgart; Franziska Heidenreich und Bianka Langnickel
(S. 7, 45, 55, 56/57, 69 oben links, 77 unten rechts, 86, 93, 94, 97, 103, 106–108 sowie alle Ar-
beitsschrittfotos), www.cgtextures.com „MetalRevts0012" (Cover), www.istockphoto.com jus-
ant „Painted watercolor mess" (S. 48–67), Leontura „Grungy Tire Tracks" (S. 10–25), lichtpunkt,
Michael Ruder, Stuttgart (alle übrigen)
Modelle und Vorlagenzeichnungen: Franzika Heidenreich und Bianka Langnickel
Druck und Bindung: Neografia, Slowakei

1. Auflage
© 2012 **frechverlag** GmbH, 70499 Stuttgart
ISBN 978-3-7724-5774-6 • Best.-Nr. 5774